훌륭한 영식의 입태와 영재 태교를 위한
불교태교기도문

불교태교기도문

지은이 송암지원 엮음
펴낸이 김인현
펴낸곳 도피안사

2012년 12월 28일 1판 1쇄 인쇄
2013년 1월 5일 1판 1쇄 발행

영업부장 박기수
디자인 페이지트리
인쇄 금강인쇄(주)
등록 2000년 8월 19일(제19-52호)
주소 경기도 안성시 죽산면 용설리 1178-1
서울사무소 서울시 종로구 율곡로 52 4층(경운동 96-21)
전화 02-419-8704 **팩스** 02-336-8701
홈페이지 www.dopiansa.com
E-mail dopiansa@hanmail.net

ISBN 978-89-90223-67-8 03220

ⓒ 2013, 송암지원

이 책의 저작권은 저작권자에게 있습니다.
저작권자와 출판사의 허락없이 내용의 일부를 인용하거나 발췌하는 것을 금합니다.
책값은 뒤표지에 있습니다.

救國救世 6

훌륭한 영식의 입태와 영재태교를 위한
불교태교기도문

• 송암지원 엮음 •

DOPIANSA
到彼岸社

일러두기

1. 임신부와 그의 가족이 태아를 위해 집에서 예불과 기도를 올릴 때는, 부처님 존상(불상이나 탱화)이 아니더라도 불경(금강경 등)을 책상에 올려놓고 한다.
2. 임신부와 그의 가족은 아침·저녁으로 집에서나 절에서 예불을 올리되, 수시로 기회 닿을 때마다 즐겨 기도한다. (수시로 하는 기도는 버스나 지하철에서나 시간과 장소가 허락하는 대로 하되, 형식을 갖추지 않아도 된다.) 그러나 규칙적으로 집에서 하는 기도는, 아침에 잠자리에서 일어나는 대로, 저녁은 잠자리에 들기 전에 올리되, 가능한 일정한 시간이면 더 좋다. (물론 절에서 할 때도 시간을 정하면 좋다.)
3. 예불과 기도를 할 때는 마음가짐이 중요하다. 먼저, 입정을 하여 마음을 안정시킨 뒤, 차분하고 지극하게 예불기도를 올린다.
4. 부부가, 또는 가족들과 함께 예불을 올리면 더욱 좋다. 함께 하는 것으로 원칙으로 정해도 좋겠다.
5. 아침저녁 예불과 기도, 또는 수시로 기도를 올린 뒤에는 반드시 발원문을 낭송한다. (발원문은 38쪽, 42쪽을 선택해서 낭송해도 좋고 장소에 따라 간단하게 마음으로 발원해도 좋고 아기와 대화 형식으로 해도 좋겠다.)

6. 유의해야 할 사항은 기도 중에는 잡념이 들지 않도록 일심으로 임해야 한다. 특히 임신부는 뱃속의 아기도 예불과 기도를 같이 한다는 사실을 마음으로 관하고, 직접 소리 내어 대화한다. 임신부는 태아와 수시로 대화한다.
7. 임신부는 훌륭한 영식(靈識:보살)이 자신에게 입태했음을 감사하고 장차 큰 인물이 되어 이 땅의 중생들을 제도하고 이익되게 할 걸 믿으며 감사한 마음으로 기도한다.
8. 임신부가 몸이 불편할 경우에는 큰절을 하지 않고 앉아서 반배나 합장을 해도 무방하다.
9. 이 책에 들어 있는 예불이나 독경, 염불이나 염송 등, 그 모두를 기도라고 한다.

※ 1. 불자 부부는 결혼 후, 또는 아기를 갖기로 뜻을 세우면, 바로 '입태백일기도'를 시작한다. 훌륭한 영식(선지식)이 입태하면 가정뿐 아니라 나라와 세계가 좋아진다.
2. 이 책은 주로 광덕대선사께서 새불교운동의 서원으로 엮은 신석문의범(新釋門儀範:불광요전)에서 간추렸음을 밝힌다.
3. 이 책에 들어 있는 '발원문 2'는 불교학자 김재영 박사가 지었다.

추천사

태교는 간절한 소망과 기도로부터 시작된다

　태교가 인간의 성장 과정에서 가장 중요한 교육이라는 사실이 과학적으로 밝혀지고 있다. 미국 피츠버그대학의 연구에 의하면 인간의 지능지수를 결정하는 유전자의 역할 비율이 48%이고, 태내의 환경이 52%를 차지한다고 했다. 조선시대 『태교신기』를 편찬한 사주당 이씨도 "의술이 좋은 의사는 병이 들기 전에 다스리고, 잘 가르치는 스승은 태어나기 전에 가르친다", "태교의 열 달은 스승 교육 10년보다 낫다"라고 하였다. 태아기에 경험하는 모든 일이나 사건은 출생 후 건강·기질·성품·지능·정서 등에 결정적인 영향을 미친다. 태교는 훌륭한 아기를 낳아 양육하는 일뿐 아니라 한 가정과 사회는 물론 국가와 인류의 밝은 장래를 위해서도 바람직한 큰 교육 과업이라고 말하지 않을 수 없다.

그러기에 임신부는 태교를 임신 기간 동안 기도와 수행을 통해 훌륭한 아기 탄생은 물론, 좋은 부모가 될 수 있는 자질과 덕목을 갖추는 기회로 삼아야 한다. 따라서 임신부와 그 가족은 소중한 아기맞이 준비에 정성을 다해야 한다. 그러나 태교는 쉬운 일 같으면서도 대단히 어려운 과제이다. 건강하고 지혜로운 아기의 탄생을 위해 부모는 계획 임신과 더불어 건강한 몸, 균형 갖춘 영양, 올바른 마음가짐과 성실한 생활태도, 그리고 항상 편안하고 안정된 정서를 유지하는 것 등이 매우 중요하다. 즉 임신부가 태교를 바르게 잘하기 위해서는, 마음가짐 몸가짐을 잘하는 수행이 필요하다는 사실이다. 가정에서의 수행은 혼자의 힘으로는 잘 안 된다. 주변의 협력과 동참이 있어야 가능하다. 그리고

'수행'이라고 하면 바로 불교와 직결되고, 불교는 오랜 역사를 통해서 다양한 수행 방법을 축적해오고 있다.

태교와 그 방법의 중요성에 대해 일찍이 관심을 두었던 송암 스님은 『뇌과학이 밝혀낸 놀라운 태교 이야기』라는 책을 뇌과학자와 함께 대담집으로 펴낸 바 있는데, 이번에 또 남다른 관심과 열정의 사명감으로 훌륭한 영식의 입태와 영재태교를 위한 『불교태교기도문』을 펴내서 반가움을 금할 수 없다. 임신부의 정서적 안정을 위해서는 먼저 명상과 태교를 위한 기도가 선행돼야 함에도 불구하고 이에 대한 좋은 길잡이가 없었는데, 이번에 스님께서 심혈을 기울여 부처님의 가르침을 바탕으로 태교기도문을 엮어낸 것은 늦은 감이 있지만 태교를 공부해온 사람으로서

천만다행이라고 생각한다. 또한 불교계를 위해서도 매우 바람직한 일이다.

이 기도문이 좋은 태교를 갈망하는 모든 임신부와 그 가족을 위한 지침서가 되어 훌륭한 인재 육성에 기여함은 물론 사랑과 나눔이 충만한 밝고 아름다운 불국토를 만드는 데 초석이 되었으면 한다.

2012년 11월
불교태교협회 회장 대법화 유현자 합장

차례

추천사 태교는 간절한 소망과 기도로부터 시작된다 • 6

임신부의 일송 日誦 • 13
임신부의 일과 日課 • 17
임신부의 마음자세 10가지 • 18
임신부의 생활지혜 8가지 • 19

I. 기도편

예불 禮佛 • 24
마하반야바라밀다심경 • 28
천수경 千手經 • 29
신묘장구대다라니 神妙章句大陀羅尼 • 35
「마하반야바라밀다」 기도염송 • 40
발원문 • 42

II. 서원편

육조대사 법보단경 반야품 • 53
'마하반야바리밀다'를 이떻게 수행할 짓인가? • 60
보현행자의 서원 • 65
행복으로 가는 길 • 90
진리의 현장 • 106
우리 모두는 마니주의 주인 • 118
광덕스님의 '마하반야바라밀다' 수행법 • 122
한마음 憲章 • 145
續 한마음 憲章 • 170
계戒는 무엇인가 • 178
불교일반상식 • 182

임신부의 일송 日誦

※ 시간 날 때마다 수시로 소리내서 읽는다.

생명은 밝은 데서 성장한다. 인간은 밝은 사상에서 발전이 있다. 우리의 본 면목이 원래로 밝은 생명이기에….

어둠을 찢고 솟아오르는 찬란한 아침해를 보라. 거침없는 시원스러움이, 넘쳐나는 활기가, 모두를 밝히고, 키우고, 따뜻이 감싸주는 너그러움이 거기 있다.

오늘 하루를 결코 성내지 않고, 우울하지 않고, 미뭇대지 않고, 밝게 웃으며, 희망을 향하여 억척스럽게 내어닫는 슬기로운 삶으로 만들자.

빛을 향하는 곳에 행운이 있다. 성공이 온다.

오늘 우리는 몇 번 남을 칭찬하였던가. 오늘 우리는 몇 번 남의 허물을 말하였던가.

칭찬하면 태양이 나의 주위에서 빛나고, 비방하면 어둠이 나를 감고 돌아간다. 칭찬하는 마음에는 천국이 열려가고, 비방하는 발길에는 가시덤불 엉기나니….

입은 진실과 광명을 토하는 문이다. 언제나 찬탄과 기쁨을 말하도록 하자.

쾌활은 빛이고 우울은 어둠이다. 쾌활과 우울은 공존하지 못한다. 쾌활해지면 우울이 사라지고, 우울해지면 쾌활이 사라진다. 쾌활하게 살자. 크게 웃고 살자. 우울해지면 웃음을 터트리자. 마음이 밝을 때, 건강과 행운이 오는 법이다.

사람들 중에는 말과 표정과 몸가짐 전체로 밝게 빛나는 사람이 있다. 이런 사람은 어디를 가나 환영받는다. 설사 초청 받지 않은 자리라도 마치 겨울의 햇빛처럼 누구에게나 환영받는다.

그러나 초청 받은 사람이라도 마음이 어두운 사람은 언젠가는 사람들이 싫어한다. 사람이 우울한 것을 싫어하기 때문이다.

마음 밝은 사람에게는 행운이 따라 붙고, 어두운 사람에게는 불운이 따라 붙는다.

'나는 불행하다'고 생각하였을 때, 불행한 일은 찾아든다. 그러니 결코 근심스러운 표정이나 성난 표정은 하지 말아야 한다.

생각은, 이것이 하나의 조각가와도 같다. 사람의 용모 위에 재주를 부린다. 사람을 미워하면 주름살을 나타내고, 슬퍼하면 얼굴 위에 슬픔을 그려낸다. 따뜻한 자비심은 보살을 나타내고, 근심 걱정할 때에는 용모를 어둡게 만들어 간다. 용모가 어두울 때, 어두운 운명이 오는 법이다.

마땅히 모든 근심 걱정 털어 버리고, 밝은 행복을 생각할 것이다. 평화하고 만족스런 표정, 희망에 넘치는 미소는, 그 사람에게 영원한 젊음과 아름다움을 나타낸다.

아무리 어두운 구름이 덮여 오더라도 태양은 거침없이 찬란한 빛을 부어댄다. 아무리 고난과 불안이 밀어닥쳐도 우리의 희망, 우리의 전진을 가로막지는 못한다.

구름을 벽으로 아는 자에게 길이 막힌다. 구름을 두려워 떠는 자에게 불행이 온다. 고난과 불행은 움직이는 필름의 영상과 같이 나타났을 때 사라진다. 그것은 그림자다.

두려워 말고, 흔들리지 말고, 앞으로 나아가자. 희망과 용기와 자신을 더하고 성공을 꿈꾸자.

영겁의 생명, 진리의 태양은 지금 우리의 가슴을 뛰게 하고 시시각각 우리의 결단을 기다리고 있다.

원래로 보름달과 같이 원만한 우리 마음인데, 이를 가로막는 것은 감정의 구름덩어리다.

원래로 행복한 인생인데, 불행하게 만든 것은 번뇌망상이다.

원망, 질투, 시기, 분노, 복수심, 슬픔, 삿된 욕망, 쓸쓸한 생각, 또는 무거운 죄의식- 이런 것들이 우리의 밝은 마음을 흐리게 한다.

흐린 마음, 어두운 마음에서 불행과 병고가 생긴다.

그러므로 우리는 항상 밝고 맑은 마음이어야 하고, 결코 남을 미워하거나 원망하여서는 아니 된다. 어두운 망상이 나면 털어 버리고 나쁜 마음이 들면 참회하여 맑혀야 한다.

참회는 망념을 정화하는 최상의 영약이다.

임신부의 일과 日課

1. 조석으로 기도일과를 지키고 부처님께 감사하며, 기쁜 마음으로 하루를 시작합니다.
2. 규칙적인 생활을 하고, 격렬한 기쁨이나 슬픔을 떠나 안온한 마음을 가지며, 적절한 운동이나 산책을 합니다.
3. 수시로 명상을 통해 아기와 대화하며, 태아가 훌륭한 인물인 것을 마음에 그리며, 아기와의 깊은 인연에 감사합니다.
4. 하루 중 수시로 합장하고, '나는 불보살님과 함께 있다. 나는 태아와 함께 있다. 나는 건강하고 태아도 건강하다. 언제나 우리에겐 축복과 행운이 온다'라고 소리내어 선언합니다.
5. 매일 시댁이나 친정의 선조와 부모님, 남편과 가족, 친지와 이웃 등 모두에게 감사합니다.
6. 사람을 만났을 때, 먼저 밝은 미소(和顔)와 친절한 말로 대하고, 무엇으로든 도와드릴 마음을 가집니다.
7. 병든 이나 고난에 빠진 이를 만나면 반드시 기도하고 돕습니다.
8. 자기 소망을 기원할 때도, 나라와 세계의 평화번영과 중생의 성숙을 함께 기원합니다.

🪷 임신부의 마음자세 10가지

가. '내생명 부처님무량공덕생명'을 깊이 믿고 항상 '마하반야바라밀다'를 염하며 밝은 얼굴과 기쁜 마음으로 생활한다. 언제나 유순한 마음으로 사람을 대하고 좋은 생각을 짐짓 짓는다.

나. 양가의 부모님과 조상님께 감사하고 부모님을 부처님처럼 섬긴다.

다. 부부는 서로 감사, 존경하고 화목하게 지낸다.

라. 모든 사람이 본래로 지닌 부처님 덕성을 깊이 믿고, 상대의 장점을 힘써 발견하며 존중하고 찬탄한다.

마. 조석 일과정진[기도]을 실천한다.

바. 항상 이웃을 돕고 전법에 힘쓴다.

사. 불서佛書를 널리 읽고, 좋은 음악과 연극·문화예술 관람을 수시로 한다.

아. 하루 한 가지 선행을 지으며 행원실천에 적극 동참한다.

자. 법회에 빠짐없이 동참수행한다.

차. 가족과 친지를 만나면 반기고 기뻐한다.

임신부의 생활지혜 8가지

가. 나의 행복도 불행도 모두 내 스스로가 짓는 것, 결코 남의 탓이 아니다.

나. 나와 태아 생명이 소중하듯 모든 생명도 소중한 것이니 어느 때나 상대를 아끼고 보살핀다.

다. 모든 죄악은 탐욕과 성냄과 어리석음貪嗔癡에서 생기는 것, 늘 참고 적은 것으로 만족하고 기뻐한다.

라. 웃는 얼굴, 부드럽고 진실된 말, 자비로운 마음으로 남을 대하고 항상 베푸는 넉넉한 마음으로 산다.

마. 나의 바른 삶이 나라를 위하는 일임을 깊이 새길 것이며, 나를 아끼듯 부모를 섬긴다.

바. 어른을 공경하고 아랫사람을 사랑할 것이며, 어려운 이웃들에게 따뜻한 정을 베푼다.

사. 내가 지은 모든 선악의 결과는 반드시 내가 받게 되는 것自業自得, 순간순간을 바르게 후회 없이 산다.

아. 하루 세 번 자신을 돌아보고 남을 미워하기보다는 내가 참회하는 마음으로 산다.

I. 기도편
임신부의 기도법

🪷 입정

(입정을 하여 마음을 안정시킨 후 삼귀의부터 차례로 예불과 기도를 한다.)

🪷 삼귀의

(무릎을 꿇고 앉아서 아래의 글을 마음의 소리로 힘차고 또렷하게 읽는다.)

부처님은 성인 가운데 성인이시며 하늘 가운데 하늘이시다. 지혜와 자비와 무한공덕은 온 누리 온 중생을 고루 덮고 키우신다.
- 저희들은 진리이신 몸으로서 영원히 어디서나 우리와 함께하시는 부처님께 귀의합니다.

'법을 보는 자 나를 보고, 나를 보는 자 법을 본다'고 하셨다. 부처님은 법이시며 진리이시다. 그러므로 부처님의 지혜와 자비는 끝이 없다. 법이신 부처님은 일체 중생을 건지시고자 커다란 지혜방편을 굴리시어 진리의 법문을 열어주셨다.
- 저희들은 이 거룩한 법과 가르침에 귀의합니다.

부처님 가르침을 따라 배워서 이루고, 부처님과 원과 행을 함께하시는 거룩하신 보살님과 스님들은, 이 땅의 빛이시며 온 인류의 영원한 스승이시다.
- 저희들은 이 거룩한 스님들께 귀의하여 배우겠습니다.

예불 禮佛

【다게 茶偈】- 아침예불시

일 – 심 –   청정수 –
감로다 –   삼아서 –
삼보님전   올리오니
「자비로써   거두소서(3번-큰절하면서)」…이어서 아래의 상단예불문
             낭송하며 큰절하거나 반배, 또는 앉은 채 합장한다.

【상단예불문 上壇禮佛文】

至心歸命禮　三界大師　四生慈父　是我本師　釋迦牟尼佛
지심귀명례　삼계대사　사생자부　시아본사　석가모니불(절)

至心歸命禮　十方三世　帝網刹海　常住一切　佛陀耶衆
지심귀명례　시방삼세　제망찰해　상주일체　불타야중(절)

至心歸命禮　十方三世　帝網刹海　常住一切　達磨耶衆
지심귀명례　시방삼세　제망찰해　상주일체　달마야중(절)

至心歸命禮　大智文殊師利菩薩　　大行普賢菩薩　大悲觀
지심귀명례　대지문수사리보살　　대행보현보살　대비관

世音菩薩　大願本尊地藏菩薩摩訶薩
세음보살　대원본존지장보살마하살(절)

至心歸命禮　靈山當時　受佛付囑　十大弟子　十六聖
지심귀명례　영산당시　수불부촉　십대제자　십육성

五百聖　獨修聖　乃至　千二百　諸大阿羅漢　無量慈悲聖衆
오백성　독수성　내지　천이백　제대아라한　무량자비성중(절)

至心歸命禮　西乾東震　及我海東　歷代傳燈　諸大祖師
지심귀명례　서건동진　급아해동　역대전등　제대조사

天下宗師　一切微塵數　諸大善知識
천하종사　일체미진수　제대선지식(절)

至心歸命禮　十方三世　帝網刹海　常住一切　僧伽耶衆
지심귀명례　시방삼세　제망찰해　상주일체　승가야중(절)

(고두배 하면서)

원합노니　다함없는　삼보이시여

대자비로　저희예경　받아주소서

걸림없는　위덕으로　감싸주시사

모든중생　함께성불　하여지이다.(반배)

【오분향례】- 저녁예불시

계향 정향 혜향 해탈향 해탈지견향

온-누리 광명구름 시방세계 두루하여

한량없는 삼보님전 공양합니다.(반배)

헌향진언獻香眞言

옴 바아라 도비야 훔(3번)…이어서 아래의 상단예불문을 낭송하며 큰절하거나
반배, 또는 앉은 채 합장한다.

【상단예불문上壇禮佛文】

至心歸命禮　　三界大師　　四生慈父　　是我本師　　釋迦牟尼佛
지 심 귀 명 례　　삼 계 대 사　　사 생 자 부　　시 아 본 사　　석가모니불(절)

至心歸命禮　　十方三世　　帝網刹海　　常住一切　　佛陀耶衆
지 심 귀 명 례　　시 방 삼 세　　제 망 찰 해　　상 주 일 체　　불타야중(절)

至心歸命禮　　十方三世　　帝網刹海　　常住一切　　達磨耶衆
지 심 귀 명 례　　시 방 삼 세　　제 망 찰 해　　상 주 일 체　　달마야중(절)

至心歸命禮　　大智文殊師利菩薩　　大行普賢菩薩　　大悲觀
지 심 귀 명 례　　대 지 문 수 사 리 보 살　　대 행 보 현 보 살　　대 비 관

世音菩薩　　大願本尊地藏菩薩摩訶薩
세 음 보 살　　대 원 본 존 지 장 보 살 마 하 살(절)

至心歸命禮　靈山當時　受佛付囑　十大弟子　十六聖
지 심 귀 명 례　영 산 당 시　수 불 부 촉　십 대 제 자　십 육 성

五百聖　獨修聖　乃至　千二百　諸大阿羅漢　無量慈悲聖衆
오 백 성　독 수 성　내 지　천 이 백　제 대 아 라 한　무 량 자 비 성 중(절)

至心歸命禮　西乾東震　及我海東　歷代傳燈　諸大祖師
지 심 귀 명 례　서 건 동 진　급 아 해 동　역 대 전 등　제 대 조 사

天下宗師　一切微塵數　諸大善知識
천 하 종 사　일 체 미 진 수　제 대 선 지 식(절)

至心歸命禮　十方三世　帝網刹海　常住一切　僧伽耶衆
지 심 귀 명 례　시 방 삼 세　제 망 찰 해　상 주 일 체　승 가 야 중(절)

(고두배 하면서)

원합노니　　다함없는　　삼보이시여

대자비로　　저희예경　　받아주소서

걸림없는　　위덕으로　　감싸주시사

모든중생　　함께성불　　하여지이다.(반배)

🪷 마하반야바라밀다심경(한글)

관재재보살 깊은 반야바라밀다 할 적 오온 공함 비춰봐 일체고액 건너라. 사리자여, 색이 공과 다르지 않고, 공이 색과 다르지 않아 색 곧 공이요 공 곧 색이니 수·상·행·식 역시 이럴러라.

사리자여, 이 모든 법 공한 상은 나지도 않고 멸하지도 않고 더럽지도 않고 깨끗하지도 않고 늘지도 않고 줄지도 않나니 이 까닭에 공 가운데 색 없어 수·상·행·식 없고 안·이·비·설·신·의 없어 색·성·향·미·촉·법 없되 안계 없고 의식계까지 없다.

무명 없되 무명 다 됨 역시 없으며 노사까지도 없되 노사 다 됨 역시 없고 고·집·멸·도 없으며 슬기 없어 얻음 없나니, 얻을 바 없으므로 보리살타가 반야바라밀다 의지하는 까닭에 마음 걸림 없고 걸림없는 까닭에 두려움 없어 휘둘린 생각 멀리 떠나 구경 열반이며 삼세제불도 반야바라밀다 의지한 까닭에 아뇩다라삼먁삼보리 얻었나니 이 까닭에 반야바라밀다는 이 큰 신기로운 주며 이 큰 밝은 주며 이 위없는 주며 이 등에 등없는 주임을 알라.

능히 일체고액을 없애고 진실하여 헛되지 않기에 짐짓 반야바라밀다주를 설하노니 이르되

「아제 아제 바라아제 바라승아제 모제사바하」(3번)

천수경 千手經

※【 】와 [ ]는 읽지 않는다.

십념 十念 (3번)

청정법신 비로자나불	淸淨法身 毘盧遮那佛
원만보신 노사나불	圓滿報身 盧舍那佛
천백억화신 석가모니불	千百億化身 釋迦牟尼佛
구품도사 아미타불	九品導師 阿彌陀佛
당래하생 미륵존불	當來下生 彌勒尊佛
시방삼세 일체제불	十方三世 一切諸佛
시방삼세 일체존법	十方三世 一切尊法
대성문수사리보살	大聖文殊舍利菩薩
대행보현보살	大行普賢菩薩
대비관세음보살	大悲觀世音菩薩
대원본존지장보살	大願本尊地藏菩薩
제존보살 마하살	諸尊菩薩 摩訶薩
마하반야바라밀다	摩訶般若婆羅密多

정구업진언淨口業眞言

수리수리 마하수리 수수리 사바하(3번)

오방내외안위제신진언五方內外安慰諸神眞言

나무 사만다 못다남 옴 도로도로 지미사바하(3번)

개경게開經偈

위 - 없이	심히 깊은	미묘법이여
백 - 천 -	만겁인들	어찌만나리
내 이제	보고듣고	받아지니니
부처님의	진실한뜻	알아지이다.

개법장진언開法藏眞言

옴 아라남 아라다(3번)

【대비주계청大悲呪啓請】

| 천수천안 | 관음보살 | 광대하고 | 원만하고 |
| 걸림없는 | 대비심의 | 신묘법문 | 열리소서 |

관음보살	대비주께	계수합니다
자비원력	넓고 깊고	상호갖추고
일천팔로	장엄하고	중생거두며
천눈으로	광명놓아	두루비추고
진실하온	말씀중에	비밀설하며
함이없는	마음중에	자비심내어
온갖소원	지체없이	이뤄주셔라
온갖죄업	길이길이	멸해없애고
천룡들과	성현들이	감싸주시사
백천삼매	순식간에	이루게하니
이다라니	가진몸은	광명당이오
이다라니	지닌마음	신통장이라
모든번뇌	맑혀지고	삼계를벗고
대보리 –	방편문을	얻어지이다
제가이제	지송하고	귀의하오니
원하는바	원만하게	이뤄지이다

대자대비	관세음께	귀의합니다
일체법을	어서속히	알아지이다
대자대비	관세음께	귀의합니다

지혜의눈	어서어서	얻어지이다
대자대비	관세음께	귀의합니다
일체중생	어서속히	건네지이다
대자대비	관세음께	귀의합니다
좋은방편	어서어서	얻어지이다
대자대비	관세음께	귀의합니다
반야선에	어서속히	올라지이다
대자대비	관세음께	귀의합니다
고통바다	어서어서	건네지이다
대자대비	관세음께	귀의합니다
계정도를	어서속히	얻어지이다
대자대비	관세음께	귀의합니다
원적산에	어서어서	올라지이다
대자대비	관세음께	귀의합니다
무위사를	어서속히	만나지이다
대자대비	관세음께	귀의합니다
법성신을	어서어서	이뤄지이다

제가만약	도산지옥	향하올지면
칼산이 –	스스로 –	꺾어지오며

제가만약	화탕지옥	향하올지면
화탕이 –	스스로 –	소멸되오며
제가만약	다른지옥	향하올지면
지옥이 –	스스로 –	없어지이다
제가만약	아귀도를	향하올지면
아귀들이	저절로 –	배가부르고
제가만약	수라도를	향하올지면
악한마음	스스로 –	사그라지며
제가만약	축생도를	향하올지면
스스로 –	큰지혜를	얻어지이다

나무관세음보살마하살

나무대세지보살마하살

나무천수보살마하살

나무여의륜보살마하살

나무대륜보살마하살

나무관자재보살마하살

나무정취보살마하살

나무만월보살마하살

나무수월보살마하살

나무군다리보살마하살

나무십일면보살마하살

나무제대보살마하살

「나무본사아미타불」(3번)

신묘장구대다라니 神妙章句大陀羅尼

나모라 다나다라 야야 나막알약 바로기제 새바라야 모지 사다바야 마하사다바야 마하가로 니가야 옴 살바 바예수 다라나 가라야 다사명 나막가리다바 이맘 알야 바로기제 새바라 다바 니라칸타 나막하리나야 마발다 이사미 살발타 사다남 수반아예염 살바보다남 바바마라 미수디감 다냐타 옴 아로게 아로가 마지로가 지가란제 혜혜하례 마하모지 사다바 사마라사마라 하리나야 구로구로 갈마 사다야 사다야 도로도로 미연제 마하미연제 다라다라 다린 나례 새바라 자라자라 마라 미마라 아마라 몰제예혜혜 로계 새바라 라아 미사미 나사야 나베 사미사미나사야 모하자라 미사미 나사야 호로호로 마라호로 하례 바나마 나바 사라사라 시리시리 소로소로 못자 못자 모다야 모다야 매다리야 나라칸타 가마사 날사남 바라하라나야 마낙 사바하 싯다야 사바하 마하싯다야 사바하 싯다유예 새바라야 사바하 니라칸타야 사바하 바라하 목카싱하 목카야 사바하 바나마 하따야 사바하 자가라 욕타야 사바하 상카 섭나녜 모다나야 사바하 마하라 구타다라야 사바하 바마사간타 이사시체타 가릿나 이나야 사바하 먀가라 잘마 이바사나야 사바하

「나모라 다나다라 야야 나막알야 바로기제 새바라야 사바하」(3번)

〔사방찬〕

동쪽에 -	물뿌리니	도량정하고
남쪽에 -	물뿌리니	청량얻으며
서쪽에 -	물뿌리니	정토갖추고
북쪽에 -	물뿌리니	길이편하리

〔도량찬〕

도량이 -	청정하여	티끌없으니
삼보님과	팔부성중	강림하소서
제가이제	미묘진언	외우옵나니
크신자비	베푸시어	가호하소서

〔참회게〕

지난동안	지은바 -	모든악업은
무시이래	탐진치로	말미암아서
몸과말과	뜻으로 -	지었사오니
제가이제	그모두를	참회합니다

참회진언懺悔眞言

옴 살바 못자 모지 사다야 사바하(3번)

〔준제찬〕

준제주는	온갖공덕	무더기러라
고요한 -	마음으로	항상외우면
이세상 -	온갖재난	범접못하리
하늘이나	사람이나	모든중생이
부처님과	다름없는	복을받으니
여의주를	얻음과 -	같으리로다.

「나무 칠구지불모 대준제보살」(3번)

정법계진언 淨法界眞言

옴 남(3번)

호신진언 護身眞言

옴 치림(3번)

관세음보살 본심미묘 육자대명왕 진언
觀世音菩薩 本心微妙 六字大明王 眞言

옴 마니 반메 훔(3번)

준제진언準提眞言

나무 사다남 삼먁삼못다 구치남 다냐타 「옴 자례주례 준제 사바하 부림(3번)」

내 – 이제	준제주를	지송하옵고
보리심 –	발하오며	큰원세우니
정과혜가	두렷이 –	밝아지오며
모든공덕	남김없이	성취하옵고
수승한복	두루두루	장엄하오며
중생모두	불도를 –	이뤄지이다.

여래십대발원문

바랍노니	삼악도를	길이여의고
탐심진심	삼독심 –	속히끊으며
어느때나	삼보이름	항상듣고서
계정혜 –	삼학을 –	힘써닦으며
부처님을	따라서 –	항상배우고
위없는 –	보리심에	항상머물며
어김없이	안양국에	태어나아서
아미타 –	부처님을	친견하옵고

미진세계	국토에 -	몸을나투어
모든중생	남김없이	건네지이다.

발사홍서원

중 - 생 -	가없지만	기어코 -	건지리다
번 - 뇌 -	끝없지만	기어코 -	끊으리다
법 - 문 -	한없지만	기어코 -	배우리다
불 - 도 -	끝없지만	기어코 -	이루리다

자 - 성 -	중생을 -	기어코 -	건지리다
자 - 성 -	번뇌를 -	기어코 -	끊으리다
자 - 성 -	법문을 -	기어코 -	배우리다
자 - 성 -	불도를 -	기어코 -	이루리다

원이발원이귀명례삼보

「나무 상주시방불

나무 상주시방법

나무 상주시방승(3번)」

「마하반야바라밀다」 기도염송

　보살이 국토를 장엄하여 불국토를 이루는데 무상無上의 여의보주如意寶珠를 가졌으니 보살은 이 보주를 항상 굴리어 대위신력을 발휘하고 중생을 제도한다. 이 보주는 「마하반야바라밀다」이다. 관세음보살도 「마하반야바라밀다」로 '관자재' 하시어 '오온개공五蘊皆空'하여 일체고액에서 해탈하신다. 일체보살이 「마하반야바라밀다」로 일체공포를 타파하고 자유를 성취하며 열반을 증득하고 성불한다. 「마하반야바라밀다」는 이것이 대신주다. 대명주다. 무상주다. 무등등주다.

　「마하반야바라밀다」가 구르는 곳에 일체고가 없어지며 일체의 장애가 타파되며 삼악도가 없어진다. 광명천지가 열리고 일체소원이 성취되며 자재해탈을 얻게 된다. 일체 불보살과 함께 하게 되어 그 위신력을 쓰기 때문이다. 그러므로 보살은 생각마다 걸음마다, 항상 「마하반야바라밀다」를 힘차게 염송하는 것이다.

　(「마하반야바라밀다」를 염할 때는 자세를 바르게 하고 합장 또는 대삼마야인을 맺는다. 눈을 반쯤 감고 자신의 마음에 부처님이 함께하고 있고 부처님의 빛나는 위신력과 큰 공덕이 넘치고

있음을 관한다. 동시에 일체소원이 성취되는 자신自信과 용기를 가지고 환희심과, 감사한 마음으로「마하반야바라밀다」를 일심 염송한다.) -( ) 안은 마음가짐과 몸가짐을 나타내는 것으로 읽지 않는다.-

【바라밀다 염송(정근)】
나무 삼세불모 성취만법 무애위덕「마하반야바라밀…(백천만번)」

〔탄백〕

저희들이	지은바 -	이- 공덕이
일체의 -	중생들의	공덕이되어
모든중생	빠짐없이	성불하옵고
위 -없는	불국토를	이뤄지이다.

🪷 발원문

1. (엄마와 가족이) 부처님께 올리는 축원문

　일체의 근원이옵신 부처님, 지극한 지혜이시며 자비이시며 한량없는 은혜이신 부처님. 저희들은 부처님께서 지혜의 태양으로 온 누리 빛내시고 자비의 은혜로 온 이웃과 저희들을 감싸주심을 감사드리옵니다. 오늘날 저희들은 부처님의 자비하신 위신력을 입사와 가내가 화목하고 아손들이 충실하오며 가업이 흥성하여 직장과 사업이 번창하고 온 겨레가 조국의 평화번영을 위하여 충성을 다하고 있사옵니다. 이제 저희들은 부처님의 자비하신 위신력을 입사옵고 환희용약으로 간절한 기원을 드리옵니다.

　대자대비 부처님이시여, 거듭 무애대자대비광명으로 저희들을 가호하여 주시옵소서. 일체국토 일체 중생의 근원에 머무시사 일체 중생을 진리의 성숙으로 인도하옵시는 부처님께서는 저희들에게 각별하신 위덕 내려주시사 마하반야바라밀다의 크신 법문을 일깨워 주시고 구국구세의 서원을 지닌 태중보살을 저희들과 인연지어 주셨습니다. 이 크옵신 부처님의 한량없는 은혜에 감격 감사하옵니다.

　이제, 이 뜻 깊은 인연을 맞이함에 저희들은 지난 동안에 반야바라밀다의 진리광명을 등지고, 미혹에 휘둘려 살아온 삶을 깊이 참회하옵니다. 부처님 가르침 배우지 못하고 어둠의 길 방황했던 지난날을 참회하오며, 부처님 법 만난 후에도 바른 믿음 갖지 못하고 삼독에 휘둘린 생활을 지심至心 참회하옵니다. 거듭 저희들의 참회를 간곡히 섭수하여 주시어 저희가 지은 바 일체 어둠을 밝게 비추어 깨뜨려 주옵소서.

대자비 본사 세존이시여, 저희들은 이 땅에 부처님의 감로법을 널리 전하고 나라와 세계를 구할 태중보살의 내림인연을 깊이 믿고, 더욱 성심껏 받들어 돕겠습니다. 겨레형제와 세계인류가 부처님의 진리광명으로 행복하게 삶을 누리고 끝내는 일심정진하여 무상의 법을 이루도록 하는 거룩한 사업에 헌신하는 보살역군으로 성장할 수 있도록 신명을 바쳐 성심성의껏 봉사헌신할 것을 발원하옵고 부처님의 은덕으로 베풀어지는 이 지중한 인연을 환희로 맞이 하겠습니다.

거듭 대자대비 광명이시여, 부처님은 원래로 법성광명이시옵기 지혜와 자비와 위덕의 근원이시옵니다. 부처님의 자비하신 광명은 크나큰 위신력으로 저희들 모두를 감싸시고, 일체 중생의 본성 속에 법성위덕을 실로 충만케 해주셨사옵니다. 오늘의 태중보살과 저희 가족들에게 내리신 특별하신 지혜·자비의 은덕으로 무애위력이 충만함을 깊이 믿사옵니다. 실로 이로조차 저희들에게는 오직 여래광명만이 충만하옵니다. 건강과 활기가 바다처럼 넉넉하고 은혜의 물줄기는 파도처럼 너울치고 있음을 마음의 눈으로 보고 깊이 믿사옵니다.

대자대비 부처님이시여, 바라옵건대 저희들의 이 발원을 섭수하여 주시옵고, 거듭 크옵신 은덕 베푸사 태중보살이 건강하고 지혜로우며 자비의 성정이 드높아 만나는 사람마다 기뻐하고 일체선연을 맺도록 가호하여 주시옵소서. 아울러 바라옴은 온 가족이 환희로 맞이하는 태중보살의 고귀한 인연으로써 반야실상의 믿음을 회복케 하여 주옵소서. 그리하여 모든 생명이 영원히 건강하고, 왕성하며, 은혜로 충만함을 깨닫게 하시며, 나아가 법성실상 청정공덕이 저희 가족의 생활에 현전케 하여 주옵소서.

다시 엎드려 바라옵건대, 오늘의 태중보살과 저희 가족의 선망 부모에게 대자비 위신력을 베풀어 주시사, 반야광명 드러나고 지난 동안의 죄업은 모두 소멸케 하여 주시오며, 본성광명이 명랑하게 드러나 미묘법문 깨달아서 무상도를 이루게 하여 주옵소서. 저희들의 이 발원이 부처님의 대자비 서원력 속에 원만히 성숙되며, 이 인연공덕으로 법계유정이 다함께 금강신을 이루어 무위국을 자재하여지이다.

나무마하반야바라밀다

나무석가모니불 나무석가모니불 나무시아본사석가모니불

2. 태중보살인 아가에게 들려주는 엄마의 기도

태중보살 우리아가야, 나 엄마야!

우리아가를 뱃속에 품고 있는 나 엄마란다.

태중보살 나의 아가야, 엄마의 이 목소리를 알아듣겠니?

엄마의 숨소리를 듣고 있니?

엄마의 체온을 느끼고 있니?

엄마의 마음이 가슴에 와 닿니?

엄마의 기도가 귀에 들리니?

태중보살 우리아가야, 엄마가 미처 몰랐구나.

엄마가 호흡할 때 아가도 숨쉬고,

엄마가 기뻐할 때 아가도 미소하고,

엄마가 우울할 때 아가도 가슴 아파하고,

엄마가 기도할 때 아가도 두 손 모으고,

태중보살 우리아가, 나의 아가야,

엄마와 이렇게 한 몸인 것을 -

나의 아가야, 우리는 이렇게 한 생명인 것을 -

태중보살 우리아가야, 너는 어디서 왔니?

삼신할머니 마을에서 왔니?

착한 선녀들 마을에서 왔니,
북두칠성 별나라에서 왔니?
저 찬란한 은하세계에서 왔니?
뽀로로 동화나라에서 왔니?

태중보살 우리아가야, 엄마가 또 미처 몰랐구나.
그래, 우리아가는 하늘나라에서 왔지.
저기 은하수 깊고 푸른 바다 넘어
빛이 처음 솟아나는 곳,
도솔천 아름다운 하늘나라에서 왔지.
내원궁 높고 화려한 궁전에서,
고따마 왕자님같이 흰 코끼리 타고 왔지.

태중보살 우리아가야, 너는 뭐가 될래?
엄마 뱃속에서 나와 자라면 뭐가 될래?
학교 마치고 세상에 나가서 뭐가 될래?
연아 같은 스케이터 여왕이 될래?
싸이나 보아 같은 케이 팝 스타가 될래?
지성이 같은 축구선수가 될래?
아니면, 스티브 잡스 같은 발명가가 될래?

태중보살 우리아가야, 엄마가 또 깜빡했구나.
나의 아가가 꿈에서 말해 준 걸 잊었구나.
우리아가 발차기에 깜짝 놀라 잠시 잊었구나.
나의 아가는 보살이 되고 싶다고 했지.
문수동자 같은 작은 보살이 되고 싶다고 했지.
여왕이든 스타이든 무엇이 되든지
외롭고 가난한 사람들의 벗이 되겠노라고 했지.

태중보살 우리아가야, 엄마에게 할 말 없니?
엄마에게 불평할 거 없니?
엄마에게 원하는 거 없니?
동화책을 더 읽어줄까?
미묘한 음악을 더 들려줄까?
저, 푸르른 하늘 바라보며 함께 산책할까?
향기로운 영양제 더 먹여줄까?

태중보살 우리아가야, 엄마가 잠시 멍청했구나.
어젯밤 엄마랑 약속한 거 잊어버리다니.
나의 아가는 엄마 귀에 대고 이렇게 속삭였지.
"엄마, 밝게 웃으세요.

부처님같이 편안하게 웃으세요.
아빠한테 짜증부리지 마세요.
그래야 제 마음도 편안해요."

태중보살 우리아가야, 사랑하는 나의 아가야.
그래 엄마가 웃을게.
아가랑 아빠랑 함께 활짝 웃을게.
사랑하는 가족들 이웃들이랑,
함께 이렇게 활짝 웃을게.

※ 임신부는 글의 내용이 어려워도 반복해서 읽습니다. 쉬운 것만 좋은 것이 아니기에 어려운 글을 읽도록 노력하면 태아에게 왕성한 탐구력이 형성됩니다.

Ⅱ. 서원편

🪷 육조대사 법보단경 반야품

1. 선설宣說

　선지식아, 보리반야菩提般若의 지혜는 세간 사람이 다 본래부터 스스로 가지고 있는 것인데 다만 마음이 미혹하여 스스로 깨닫지 못할 따름이니, 모름지기 큰 선지식의 가르침과 인도함을 빌어서 견성(見性)하여야 하느니라. 마땅히 알라. 어리석은 자와 지혜 있는 사람의 불성에는 본래로 차별이 없는 것이요, 다만 미혹함과 깨친 것이 다를 뿐이라. 이 까닭에 어리석음도 있고 슬기로움도 있는 것이니라.

　내 이제 마하반야바라밀다법을 설하여 너희들로 하여금 각기 지혜를 얻게 하리니 지극한 마음으로 자세히 들어라. 너희들을 위하여 설하리라.

　선지식아, 세상 사람이 입으로는 종일 반야를 외우나 자성반야自性般若를 알지 못하니 마치 말로만 음식 이야기를 아무리 하여도 배부를 수 없는 것과 같아서 다만 입으로만 공空을 말한다면 만겁을 지내더라도 견성하지 못하리니 마침내 아무 이익이 없느니라.

2. 자의字意

선지식아, '마하반야바라밀다'라는 말은 이것이 범어이니 여기 말로는 큰 지혜로 피안彼岸에 이르렀다는 말이니라. 이는 모름지기 마음에서 행하는 것이요 입으로 외우는 데 있는 것이 아니니, 입으로 외우더라도 마음에서 행하지 않는다면 꼭두각시와 같고, 허깨비와도 같으며, 이슬과 같고 번개와도 같아서 실이 없으나 입으로 외우고 마음으로 행한다면 곧 마음과 입이 서로 응할 것이니라. 본성품 이것이 불佛이니 성품을 떠나서는 따로 부처가 없느니라.

1) 마하摩訶

다음에 어떤 것을 마하摩訶라고 하는가? 〈마하〉는 크다는 말이니 심량心量이 광대하여 마치 허공과도 같아서 가이없으며, 또한 모나거나 둥글거나, 크고 작은 것이 없으며 청·황·적·백 등 빛깔도 아니며, 위 아래도, 길고 짧음도 없으며, 성날 것도 기쁠 것도, 옳은 것도 그른 것도 없으며 착한 것도 악한 것도 없으며, 머리도 꼬리도 없으니 제불의 국토도 또한 이와 같이 다 허공과 같느니라. 세간 사람의 묘한 성품도 본래 공하여 가이 한 법도 얻을 수 없으니 자성이 참으로 공함이 또한 다시 이와 같느니라.

선지식아, 내가 지금 공空을 설하는 것을 듣고 공에 집착하지 않도록 하라. 무엇보다 첫째로 공을 집착하지 말아야 하느니라. 만약 마음을 비워 고요히 앉는다면 곧 무기공無記空에 떨어지리라. 선지식아, 세계 허공이 능히 만물과 색상色像을 갈무리하고 있어 일월日月 성숙星宿과 산하대지와 샘이나, 물골이나 또한 개울이나 초목 총림과 악인·선인·악법·선법·천당·지옥이며 일체 대해와 수미須彌 제산이 허공 가운데 있는 것과 같이 세인의 성품이 공한 것도 또한 이와 같으니라.

선지식아, 자성이 능히 만법을 머금고 있는 것이 이것이 큰 것이니, 만법이 모든 사람의 성품 중에 있느니라. 만약 모든 사람이 하는 일에 선이나 악을 볼 때 모두들 취하지도 않고 버리지도 않으며 또한 물들거나 집착하지도 아니하여 마음이 마치 저 허공과 같은 것을 이름하여 크다 하는 것이니, 이 까닭에 '마하'라 하느니라.

선지식아, 미혹한 사람은 입으로만 말하고 지혜 있는 사람은 마음으로 행하느니라.

또한 미혹한 사람이 있어 마음을 비우고 고요히 앉아 아무런 생각도 하지 않는 것을 가리켜 스스로 큰 것이라고 일컫는다면 이러한 무리와는 더불어 말조차 하지 말라.

지견知見이 삿되기 때문이니라.

2) 반야般若

선지식아, 심량이 광대하여 법계에 두루하니 작용을 하면 요요분명하여 응용함에 곧 일체를 알며, 일체가 곧 하나요 하나가 곧 일체여서 거래에 자유로워 심체가 막힘이 없는 것이 이것이 반야니라.

선지식아, 일체의 반야지는 모두가 자성에서 나〔生〕는 것이요, 밖에서 들어오는 것이 아니니 그릇 생각하지 않는 것을 참성품을 스스로 쓴다 하는 것이니라. 하나가 참되매 일체가 참되느니라. 마음은 큰일〔大事〕을 헤아리고, 작은 도행道行도 행하지 않으며 입으로는 종일 공을 말하면서 마음에 이 행을 닦지 않는 이런 일을 하지 말지니 이는 흡사 범인凡人이 국왕을 자칭하는 것과 같아서 아무 소용없나니 이런 자는 나의 제자가 아니니라.

선지식아, 무엇을 '반야'라 할 것인가? 반야라 함은 여기 말로 지혜라. 일체처 일체 시에 생각 생각 어리석지 아니하여 항상 지혜를 행하는 것이 곧 반야행이니라. 한 생각 어리석으면 곧 반야가 끊어짐이요, 한 생각 슬기로우면 곧 반야가 나는 것이니라. 세상 사람들이 어리석고 미혹하여 반야는 보지 못하면서 입으로만 반야를 말하며, 마음속은 항상 어리석으면서 항상 말하기는 내가 반야를 닦는다고 하며 생각생각마다 공을 말하나 진공眞空은 알지 못하느니라. 반야는 형상이 없는 것이라 지혜심이 바로 이것이니 만약 이와 같이 알면 곧 반야지라 할 것이니라.

3) 바라밀다波羅蜜多

'바라밀다'란 무엇일까? 이는 서쪽나라 말이니 여기 말로는 피안彼岸에 이르렀다는 말이라, 생멸을 여의었다는 뜻이니라. 경계를 집착하면 생멸이 이[生]나니 이는 물에 물결이 이는 것과 같아서 이것이 곧 이 언덕이요, 경계를 여의면 생멸이 없나니 이는 물이 항상 자유로이 통해 흐르는 것과 같아서 이것이 곧 피안이 됨이라. 그러므로 바라밀다라 하느니라.

3. 마하반야바라밀다 공용功用

선지식아, 미혹한 사람은 입으로만 외우므로 외우고 있을 때에는 망妄도 있고 비非도 있지만 만약 생각 생각마다 행하면 이것이 곧 진성眞性이니라. 이 법을 깨달으면 이것이 반야법이요, 이 행을 닦으면 이것이 반야행이니라. 닦지 않으면 즉 범부요 일념으로 수행하면 자신이 불佛과 같으니라.

선지식아, 범부가 곧 불이요, 번뇌가 곧 보리菩提니 전념前念이 미혹하면 즉 범부요, 후념後念이 깨달으면 즉 불이라. 전념이 경계에 집착하면 번뇌가 되고, 후념이 경계를 여의면 즉시 보리니라.

선지식아, 마하반야바라밀다가 가장 높고 가장 위며 가장 으뜸이니, 현재도 없고 과거도 없으며, 또한 미래도 없으니 삼세제불이 이 가운데서 나오느니라. 마땅히 대지혜를 써서 오온五蘊 번뇌 망상을 타파하라. 이와 같이 수행하면 결정코 불도를 이루리니, 삼독三毒이 변하여 계戒·정定·혜慧가 되느니라.

선지식아, 나의 이 법문은 한 반야로부터 팔만사천의 지혜를 내느니라. 무슨 까닭이랴? 세간 사람이 팔만사천의 번뇌가 있기 때문이니 만약 번뇌가 없으면 지혜가 항상 드러나 자성을 여의지 않느니라.

이 법을 깨달은 자는 곧 생각도 없고 기억도 없고 집착도 없어서 거짓과 망령을 일으키지 아니하고 스스로의 진여성眞如性을 써서 지혜로 일체 법을 관조하여 취하지도 아니하고 버리지도 않나니, 이것이 곧 견성이요 불도를 이룸이니라.

선지식아, 만약에 깊은 법계와 반야삼매에 들고자 하면 모름지기 반야행을 닦고 '금강반야경'을 지송하라. 곧 견성하리라. 마땅히 알라. 이 공덕이 무량 무변함을 경 가운데서 분명히 찬탄하셨으니 이를 다 말할 수 없느니라.

이 법문은 이것이 최상승最上乘이라, 큰 지혜 있는 사람을 위하여 설한 것이며, 상근인上根人을 위하여 설한 것이니라. 그러므로 지혜가 적고 근기根機가 얕은 자는 이 법문을 들어도 마음에서 믿음이 나지 않느니라.

선지식아, 근기가 낮은 사람이 이 돈교법문頓教法門을 들으면 마치 뿌리가 약한 초목이 큰 비를 맞으면 모두 다 쓰러져 자라지 못하는 것처럼 근기가 낮은 사람도 또한 이와 같으니라. 원래 반야지혜를 갖추고 있기는 큰 지혜 있는 사람과 조금도 차별이 없거니, 어찌하여 법문을 듣고 스스로 개오하지 못할까? 이는 사견과 중한 업장과 번뇌의 뿌리가 깊기 때문이니 마치 큰 구름이 해를 가렸을 때 바람이 불지 않으면 햇빛이 드러나지 않는 것과 같으니라. 반야의 지혜는 크고 작은 것이 없으니 일체 중생의 마음이 미迷와 오悟기 같지 않기 때문에 마음이 미혹하여 밖을 보고 수행하며 불을 찾으므로 자성은 보지 못하니 이것은 근기가 낮은 것이니라. 만약 돈교를 깨달아서 밖을 향하여 닦는 것을 국집하지 아니하고, 다만 자기 마음에서 정견正見을 일으켜서 항상 번뇌의 티끌에 물들지 않는다면 이것이 곧 견성이라.

선지식아, 안과 밖에 머물지 아니하고 가고 옴이 자유로워 능히 집착심을 버리면 일체에 통달하여 걸림이 없으리니 능히 이 행을 닦으면 「반야경」과 더불어 본래로 차별이 없으리라.

✤ '마하반야바라밀다'를 어떻게 수행할 것인가?

㉠ 인생의 착각

오온개공 도일체고액 五蘊皆空 度一切苦厄

인간이 이 세상에 왜 태어났는가, 누구나 다 명예나 부를 갖고 싶어하며, 편안하고 즐겁게 오래 살기를 원하고 있다. 오직 이러한 욕구의 추구만이 인생의 올바른 삶의 길인 줄로 착각하고 있고 또한 육신(몸)이 '나'의 전부임을 믿고 있다.

'마하반야바라밀다심경' 서분에서 오온이 모두 공함을 가르치고 있다. 그런데도 범부인 중생들은 망념으로 인하여 오온에 갇혀 있다. 깊은 반야바라밀다의 진리에서 보면 오온은 공한 것이다.

㉡ 진공眞空의 세계

'마하반야바라밀다'는 공空이다. 공은 진리광명뿐이다. 광대무변한 우주에는 진리광명이 가득하다. 그래서 우주법계라고 부른다. 천삼라지만상天森羅地萬像, 어느 것 하나 진리 아닌 것이 없다. 곧 법이요, 불성이요, 본성이며 자성이며, 바로 '마하반야바라밀다'이다.

'마하'는 위대하여 비유할 수 없이 크다는 뜻이다. 땅, 바다, 지구, 우주보다도 더 큰 것이 있으니 그것이 바로 인간이 지닌 자기 본성, 마음이라 할 수 있다. 쉬운 예로 수천 리 떨어져 있는 미국의 워싱턴에 가서 본 것을 마음은 한 생각 일으키는 찰나에 가 있게 된다. 태양의 촉광보다도 더 빠른 것이 바로 이 마음이다.

'반야'는 밝은 지혜, 광명이다. 오온이 공한 자성, 본성의 맑고 밝은 근원에서 태양처럼 빛나는 광명이 솟아나는 것, 바로 '반야'이다.

'바라밀다'는 완성이다. 구족이며, 원만이며, 완전한 성취이다. 즉 맑고 밝고 희망찬 대완성, 대성취의 보고寶庫이며, 자유자재의 원만무애. 그러므로 '마하반야바라밀다'는 큰 지혜의 완성이다. 이러한 '마하반야바라밀다'를 자신의 것으로 내어 쓰자. 내 마음의 밝은 빛을 내어 쓰자는 확신으로 가정과, 일가친지, 이웃과 사회. 처처에서 마음껏 내어 쓰는 자, 바라밀다행자가 되자.

ⓒ 무아無我의 믿음

'마하반야바라밀다'의 진공의 세계, 진리광명을 가로막거나 역행하는 모든 잘못된 행위를 일체 타파하고 척결하는 것이 '반야심경'의 무無자字 수행이다. 이 무자는 반야심경에 21번이나 나온다. 무는 '없애라, 놓아라, 비워라'라는 뜻으로 진공의 진리광명에 위배되는 모든 요소를 제거하라는 가장 큰 극기 수행 방법이다.

가합假合된 오온은 개공임을 확신하고 나를 중심한 갈애, 욕구, 성냄, 어리석음의 탐진치 삼독을 없애고 자기를 어떠한 경우에도 계산에 넣지 않고 상대방을 위하는 무아의 신심수행과 진아의 보현행 실천으로 거룩하신 부처님의 가르침, 대진리의 '반야바라밀다' 법문을 온 누리에 전하는 불자의 사명을 다할 것을 언제 어디서나 항상 다짐하고 실천한다.

㉡ 바라밀다행자

보현도량 바라밀다행자들은 삼보님께 예경(자기를 낮추고 상대방을 존경하며 인욕, 찬탄, 화합을 실천)하며 불법을 바로 배워 바라밀다의 신행을 가정과 친지, 이웃과 사회, 온 누리에 전법으로 육바라밀다를 실천할 것을 다짐한다.

△ 보시바라밀다 : 누구에게나 밝은 마음, 베푸는 마음과 행원을 실천한다.

△ 지계바라밀다 : 불자로서 언어, 행동, 계율을 지키고 모범을 보인다.

△ 인욕바라밀다 : 전법을 위해 인욕행을 실천한다.

△ 정진바라밀다 : 수행기도를 바탕으로 끈기 있게 꾸준히 정진한다.

△ 선정바라밀다 : 전법 대상자에게 환희에 차고 안정된 마음

을 심어준다.

△ 지혜바라밀다 : 끊임없는 불법수행으로 밝은 지혜를 닦아나간다.

전법이 최상의 공덕임을 알고 불자佛子는 불佛·법法·승僧. 삼보님 은혜에 보은의 길, 전법을 실천한다.

ⓜ 전법의 다짐

우리 바라밀다행자는 법회 때마다 '전법오서'를 다짐하고, '우리는 횃불이다. 스스로 타오르며 역사를 밝힌다' '내 생명 부처님 무량공덕생명 용맹정진하여 바라밀다 국토 성취한다'를 외치는 보현도량불자로서 부처님으로부터 부촉받은 전법사명을 다할 것을 다짐한다.

'마하반야바라밀다'의 믿음과 실천

불교는 인간과 우주의 본모습〔實相〕을 보여준다. 그러기에 인간 모두의 참모습을 바르게 알려주는 것이 불교라는 말이다. 불교는 삶이 무엇인가를 환히 밝히는 길이며 인간의 참된 의미를 알게 하고 보람과 그 완성을 이루는 생명의 길, 진리의 길이다. 그러므로 생명 있는 자, 생명의 빛과 보람을 찾는 자라면 결코 불교를 외면할 수 없다.

왜냐하면 불교는 필경 생명의 길이고 일체를 세우며 허망을 깨뜨리고 진리가 지닌 무한의 위덕을 회복하는 길이기 때문이다. 인종의 차별, 시대의 변천, 문화의 차이에도 상관없이 모든 생명을 성숙시키고 그 생명이 설 역사와 국토를 밝히는 근본진리이다.

근본진리에 이르는 길은 바로 진실을 남김없이 드러내 보이는 지혜의 완성인 것이니 그것이 '마하반야바라밀다'이다. 그러므로 바라밀다행자는 '마하반야바라밀다'로 근본믿음을 삼는다. 우리의 이 믿음은 오직 진실만을 키우고 드러내고 긍정하는 절대무한이며 청정과 창조의 본 바탕이다.

이러한 인간과 우주의 진실이란 곧 부처님의 대각이다. 부처님의 지혜덕상이 구족한 세계가 진실이며, 부처님의 대자비 위신력이 충만한 세계가 진실이며, '마하반야바라밀다'의 세계가 진실이다. 그러므로 이 '마하반야바라밀다'를 믿고 쓰는 것이 바라밀다행자이며, 자비헌신의 길을 이루는 것이 반야행자의 지극한 삶이다.

보현행자의 서원

1. 서분序分

부처님은 끝없는 하늘이시고, 깊이 모를 바다이십니다.

생각할 수 없는 청정공덕을 햇살처럼 끊임없이 부어주십니다. 나의 마음, 나의 집안, 우리 사회, 구석구석에 또한 온 겨레, 온 중생, 가슴 속에 한없이 한없이 고루 부어 주십니다.

온 중생 온 세계 온 우주는 부처님의 자비하신 은혜 속에 감싸여 있습니다. 부처님의 거룩하신 은혜는 나의 생명과 우리 국토 온 세계에 넘치고 있습니다. 모든 중생이 부처님의 은혜로운 공덕을 받고서 태어났으며, 은혜로운 공덕을 받아쓰면서 생활합니다. 온 중생은 모두가 일찍이 축복받은 자이며, 일찍이 거룩한 사명을 안고 이 땅에 태어나서 거룩한 삶의 역사를 열어가고 있습니다.

이와 같이 거룩한 광명과 은혜로 살고 있으면서 이 사실을 모르는 자를 중생이라 하였습니다. 저들은 지혜의 눈이 없다 하기보다 착각을 일으켜 육체를 자기로 삼고, 듣고 보는 물질로써 세계를 삼으며, 거기서 얻은 생각으로 가치를 삼고, 그를 추구합니다. 그렇기 때문에 중생세계는 겹겹으로 장벽에 싸여 있고 사람과 사람 사이는 막혀 있으며 중생들은 헤아릴 수 없는 고통에 감겨 지냅니다.

이 모두가 미혹의 탓이며, 착각으로 말미암아 자기를 그릇 인정한 데에 기인합니다.

그렇지만 이 국토는 원래로 부처님 공덕이 넘쳐 있습니다. 설사, 중생들이 미혹해서 잘못 보고, 잘못 생각하고, 고통을 느끼더라도 실로 우리와 우리의 국토가 부처님의 광명국토임은 변하지 않았습니다. 거룩한 광명과 거룩한 공덕이 영원히 변함없이 이 세계를 감싸았고, 그 속에 온 중생이 끝없는 은혜를 지닌 채 약여躍如합니다.

이 세상이 우리 눈에 어떻게 나타나 보이더라도, 이 마음에 어떻게 느껴지더라도, 저희들은 부처님의 무량공덕장 세계를 의심하지 않겠습니다.

온 세계 가득히 넘쳐 있는 거룩한 공덕을 결코 의심하지 않겠습니다.

거룩하신 대보살들과 모든 중생들이, 부처님의 거룩하신 마음 속에 하나인 것을 굳게 믿사옵니다. 일체 중생의 본성이 불성이오므로 온갖 중생의 생명이 부처님의 공덕 생명임을 믿사오며, 중생들이 이 참생명을 믿고 구김없이 씀으로써, 한량없는 새로운 창조가 열리는 것을 굳게 믿사옵니다.

보현보살께서 말씀하신 십종행원은 부처님의 무량공덕을 우리의 현실 위에 발휘하는 최상의 지혜입니다. 행원을 실천하는 데서 우리와 우리의 가정과 우리의 사회 위에 생명의 참가치가 구현되며, 우리 국토 위에 불국토의 공덕장엄이 구현됩니다.

보현행원은 부처님의 무량공덕세계를 여는 열쇠입니다. 열 가지 문은 하나로 통해 있습니다. 한가지를 행하여도 부처님의 온전한 공덕은 넘쳐나옵니다. 행원의 실천은 우리가 자기 생명의 문을 여는 일입니다. 나의 생명 가득히 부어져 있는 부처님 공덕을 발휘하는 거룩한 기술입니다. 나의 생명을 부처님 태양 속에 바로 세우는 일이며, 내 생명에 깃든 커다란 위력을 펴내는 생명의 숨결이며, 박동拍動입니다.

그렇기 때문에 행원에는 목적이 없습니다. 어떠한 공덕을 바라거나, 부처님의 은혜를 바라거나, 이웃이 알아주기를 바라거나, 내지 성불하기를 바라지 않습니다. 행원 자체가 목적입니다. 행원은 나의 생명의 체온이며 숨결인 까닭에 나는 나의 생명껏 행원으로 살고 기뻐하는 것뿐입니다.

행원으로 나의 생명은 끝없는 힘을 발휘합니다. 출렁대는 바다의 영원과 무한성을 생명에 받으며, 무가보無價寶가 흐르는 복덕의 대하大河가 생명에 부어집니다.

나의 참생명의 파동이 행원인 까닭에, 나의 생명이 끝이 없고 영원하듯이 나의 행원도 끝이 없고 영원합니다. 허공계가 다하고, 중생계가 다하고, 중생의 업이 다하고, 중생의 번뇌가 다하더라도, 나의 생명 행원은 다함이 없습니다.

보현행원은 나의 영원한 생명의 노래이며, 나의 영원한 생명의 율동이며, 나의 영원한 생명의 환희이며, 나의 영원한 생명의 위덕이며, 체온이며, 광휘이며, 그 세계입니다.

나는 이제 불보살님 전에 나의 생명 다 바쳐서 서원합니다.

보현행원을 실천하겠습니다. 보현행원으로 보리를 이루겠습니다. 보현행원으로 불국토를 성취하겠습니다.

대자 대비 세존이시여, 저희들의 이 서원을 증명하소서.

2. 예경분禮敬分

부처님께 예경하겠습니다.

일체 세계 일체 국토에 계시는 미진수微塵數 부처님께 예경하겠습니다.

혹은 보살신으로 나투시고, 혹은 부모님으로 나투시고, 혹은 형제나 착한 이웃으로 나투시고, 혹은 거칠은 이웃이나 대립하는 이웃으로 나타나시는 자비하신 부처님께 빠짐없이 예경하겠습니다. 아무리 모나게 나에게 대하여 오고, 아무리 억울하고 다시 어려운 일을 나에게 몰고 오더라도, 거기서 자비하신 부처님을 보겠습니다. 나를 키우시려는 극진하신 자비심에서 나의 온갖 일을 다 살펴주시고, 천만가지 방편을 베푸시어 자비하신 은혜로 나에게 대하여 오시는, 나를 둘러싼 수많은 부처님. 비록 형상과 나툼이 아무리 거칠더라도 진정 곡진하신 자비심을 깊이 믿고 감사하겠사오며 그 모든 부처님을 공경하겠습니다. 온갖 방편 다 기울여서 영원한 미래가 다하도록 예경하겠습니다.

부모님과 형제 이웃과 벗, 온 겨레와 중생이 기실 부처님 아니신 분 없으십니다. 끝없고 한없는 공덕을 갖추지 않으신 분 없으십니다. 이 모든 거룩한 임께 내 지극정성 다 비쳐서 예경하겠습니다. 그리고 이 사회, 이 국토, 이 질서 속에서 이와 같은 불성佛性인간의 존엄과 신성이 보장되고 그가 지닌 지고至高한 가치와 능력과 덕성이 발휘되도록 힘쓰겠습니다.

3. 찬양분讚揚分

모든 부처님을 찬양하겠습니다.

부처님의 대지혜와 대자비의 끝없는 큰 공덕을 찬양하겠습니다. 부처님이 지니신 바 거룩하온 서원력은 일체세계 일체시간을 덮고 있사오며 저희들은 온갖 지혜, 온갖 힘을 다 기울여도 그 작은 부분조차 생각할 수 없사오니 오직 있는 정성 모두 바쳐 끝없는 서원력을 찬양하겠습니다.

일체 중생 모두가 또한 부처님의 공덕을 모두 갖추었으니 일체 중생이 갖춘 그 모든 공덕을 찬양하겠습니다. 겉 모양이 비록 가지가지 중생상을 보일지라도 그것은 모두가 허망한 그림자이며 나를 위한 방편 시현이십니다. 실로 모든 중생이 진정 중생이 아니며 부처님의 거룩하신 공덕을 구족하게 갖추고 있사옵니다. 지극히 지혜롭고 지극히 자비하고 온갖 능력 다 갖추었으며 온갖 공덕 다 이루어 원만하고 자재하니 이것이 일체 중생의 참모습이옵니다. 저희들은 이 모든 중생과 그가 지닌 한량없는 공덕을 찬양하겠습니다. 결코 중생이라 낮춰 말하지 않겠습니다. 비방하거나, 어리석다 하거나, 무능하다 하거나, 불행하다 하거나, 미래가 어둡다고 말하지 않겠습니다. 부처님께서 완전하심과 같이 일체 중생이 원만한 덕성임을 믿사오며 그 모두를 항상 찬양하겠습니다.

끝없는 은혜를 주시는 부처님이 항상 우리 주변에 계시어서, 혹은 부모님이기도 하고, 아내나 남편이기도 하고, 형제가 되기도 하고, 이웃이나 벗이나 같은 겨레가 되어서, 언제나 끝없는 은혜를 부어주고 계시며, 이 땅위에 부처님 광명세계를 이룩하기 위하여 큰 위신력을 떨치고 계심을 깊이 믿고, 저 모든 부처님을 미래세가 다하도록 찬양하겠습니다.

일체 세계에 극미진수 부처님이 계시고, 그 낱낱 부처님 계신

곳마다 한량없는 보살들이 둘러계심을 깊이 믿사오며, 눈앞에 대하듯 정성 기울여 찬양하겠습니다.

중생과 세계의 나타난 현상이 아무리 거칠고 부정하게 보이더라도, 실로 실상은 청정하고 원만하오니 저는 결정코 중생과 세계의 실상을 찬양하고 긍정하는 말을 하겠습니다.

참된 진리의 모습을 깊이 믿고 그대로를 말하는 것이 실상의 말이며, 참된 말이며, 올바르게 찬양하는 말인 것을 깊이 믿습니다. 그리고 이와 같이 믿고 찬양하는 참말은 위대한 성취력을 지니며 창조의 힘을 나타냄을 깊이 믿습니다. 그리하여 저희들이 닦는 바 찬양하는 행원은 이것이 이 세상에 평화와 번영과 청정과 협동을 실현하는 심묘한 작법임을 믿습니다. 저희들은 이 찬양하는 행원으로 우리의 마음과 우리의 세계에 실상공덕을 구현시키겠사오며 우리들이 바라온 바 보살의 국토를 성취하고 우리의 일상생활 속에서 필요한 낱낱 소망을 성취하겠습니다.

말은 이것이 위대한 창조의 힘을 지니고 있사온 바 저희들은 참된 말을 바로 써서 말의 위력을 실현하겠습니다. 결코 거짓말을 하지 않겠사오며, 나쁜 말을 하지 않겠사오며, 참된 말만을 하겠습니다. 결코 소극적이며, 부정적이며, 비관적인 말을 하지 않겠습니다. 진리의 참 모습이 적극적이며, 활동적이며, 원만하며, 영원하기 때문입니다. 변재천녀는 차라리 미묘한 말과 음성을 내

겠지만, 저희들은 그보다도 참된 말을 하고 부처님의 참된 공덕 세계를 믿고 긍정하고 찬양하는 말을 하겠습니다.

4. 공양분供養分

 널리 공양하겠습니다. 시방세계 일체처에 미진수의 부처님이 계시고 한량없는 보살들이 함께 계심을 깊이 믿사오며 눈앞에 대한 듯 분명한 지견으로 모든 불보살님께 공양하겠습니다. 음식으로 공양하겠습니다. 꽃과, 향과, 음악과, 의복과, 의약과, 방사와 그밖의 모든 공양구로 항상 공양하겠습니다.

 공양은 이것이 부처님께서 주신바 무량복덕의 문을 활짝 여는 길임을 믿습니다. 저희들은 간탐심과 애착심으로 인하여 참된 공양을 행하지 못하였고 설사 약간의 공양을 한다 하더라도 이유와 조건을 붙인 공양이었습니다. 그러므로 그 과보는 가난하고 물질생활에서 부자유하며 제한을 많이 받고 있사옵니다. 저희들은 이제 공양을 행하되 마음의 문이 활짝 열리도록 아낌없이 바람없이 지성껏 공양하겠습니다. 정성 바쳐 공양함으로써 애착과 간탐심의 작은 뿌리들을 하나하나 뽑겠습니다. 부처님의 무량복덕이 우리 생명에 흘러오는 것을 가로막고 있는 마음의 장벽들이 모두 다 무너지도록 청정한 마음으로 공양하겠습니다. 부처님께 공양하겠습니다. 부모님과 형제와 모든 이웃에게 공양하겠습니다. '부처님께 공양하듯 차별없이 정성 다바쳐서 공양하겠습니다.' 저희들의 이와 같은 공양은 저희들을 가난하게 만들고 부자유스럽게 만드는 모든 요인을 남김없이 타파하여 우리의 생명 위에 부처님의 무량공덕이 시원스러이 물결쳐 흘러 들어오게 함을 믿사옵니다.

 법공양에 힘쓰겠습니다. 부처님 말씀대로 수행하는 공양과, 중생들을 이롭게 하는 공양과, 중생을 섭수하는 공양과, 중생의 고를 대신 받는 공양과, 선근을 부지런히 닦는 공양과 보살업을 버리지 않는 공양과, 보리심을 여의지 않는 공양을 닦겠습니다.
 재물을 베풀어 공양하면 복덕의 종자를 심는 것이며 복덕의 문이 열려옵니다. 이것은 중생의 육체생명을 키워주는 소중한 조건이옵니다. 아울러 법공양을 행하면 행하는 자와 공양 받는 자가 다 함께 법신생명이 성장하오며 무량한 법신공덕이 넘쳐오고 그 국토에 찬란한 법성광명이 빛나게 됩니다. 그러므로 법공양을 행하는 공덕이 얼마만한가를 부처님께서도 다 말씀하지 못하십니다.
 부처님께서는 무엇보다 법을 존중히 하십니다. 법공양을 행하고 부처님 가르침을 행하면 이 세상에 곧 부처님이 출생하시옵니다. 법이 불이며, 법은 추상적 이치에 있는 것이 아니고 구체적인 바른 행동에 있기 때문입니다. 그러므로 법공양이 참된 부처님 공양이며 이로써 일체 부처님께 참된 공양을 성취합니다.

　법공양을 행함은 일체불보살의 바라시는 바를 실현하는 것입니다. 그러므로 법공양을 행하면 보리의 싹이 자라고, 법공양을 행하면 무량공덕문이 열리며, 법공양을 행하면 중생이 성숙되고, 법공양을 행하면 국토가 맑아지오며, 제불보살이 환희하시옵니다.

　저희들은 이 생명을 법공양으로 빛내겠습니다.

　부모님께 공양하겠습니다. 아내와 남편에게 공양하겠습니다. 형제와 이웃과 모든 동포 모든 인류에게 공양하겠습니다. 이 생명 영원하고 청정함과 같이 영원히 법공양을 행하겠습니다.

5. 참회분懺悔分

　모든 업장을 참회하겠습니다.

　기나긴 과거세에서 오늘날에 이르도록 햇빛보다 밝은 참 성품을 어기고 많은 죄업을 지었습니다. 기나긴 과거세에서 금생에 이르는 동안 미혹하고 어리석어 성내고 탐욕 부려 많은 죄를 지었습니다. 몸으로 죄를 지었습니다. 입으로 죄를 지었습니다. 생각에만 있을 뿐, 행이나 말로 나타나지 아니한 죄도 또한 많이 지었습니다. 그 사이에 지은 죄는 아는 것도 있고 모르고 범한 죄도 있사오며, 지은 죄를 잊은 것도 한이 없습니다. 이 모든 죄가 만약 형상이 있다면 허공으로 어찌 용납할 수 있으리까? 이제 불보살님 앞에 머리 조아려 참회하옵니다. 영영 다시는 짓지 않겠사오며 영원토록 청정자성을 행하여 나아가겠습니다.

이제 저의 밝은 자성 드러내어 살피옵건대, 저희들이 지난 동안 지은 바 모든 죄업들은 자성 앞에 가로놓인 한 조각 구름이오며 한 가닥의 안개인 듯하옵니다. 내 이제 청정한 삼업에 돌아가 모든 불보살님전에 거듭 지성으로 참회하옵니다. 다시는 악한 업을 짓지 않겠습니다. 영영 청정한 일체공덕 속에 머물러 있겠습니다.

죄업은 이것이 어둠이오며, 참회는 이것을 밝은 자성광명 앞에 드러냄이옵니다. 찬란한 자성광명 앞에 어찌 사라지지 아니할 어둠이 있사오리까. 밝음 앞에 어둠이 사라지듯이 저의 참회 앞에 모든 죄업이 사라짐을 믿사옵니다. 죄업이 사라졌으매 다시 어찌 청정한 자성 광명을 가로막을 것이 있사오리까. 참회하였으므로 죄업이 소멸되고 모든 죄업이 소멸되었사오매 저의 생명에는 끝없는 부처님의 자비공덕이 넘쳐남을 믿사옵니다.

그러므로 저희들은 지성으로 참회하고는 다시는 죄를 생각하지 않겠습니다. 흘러간 구름을 좇지 않겠사오며 지나간 어둠을 마음속에 붙들어 놓지 않겠습니다. 항상 밝은 마음, 항상 맑은 마음, 항상 활기찬 마음으로 일체공덕을 실천하겠습니다. 끝없는 청정행을 펴 나아가겠습니다. 그리고 때없는 맑은 눈으로 일체 세계 일체 중생을 대하겠습니다. 남이 잘못하는 듯이 보이는 허물은 남의 허물이 아니옵고 저 자신의 허물임을 알겠습니다. 원래로 마음 밖에는 한 물건도 없는 것이오매 어찌 내 마음의 허물을 떠나서 다른 사람의 허물이 있사오리까? 밖에 나타나 보이는 허물은 이것이 나 자신의 마음속에 깃든 어두운 그림자의 나타남 임을 알고 다시 참회하는 마음을 새로이 하겠습니다. 고난과 장애를 당하여 결코 불평하거나 원망하지 않겠습니다.

고난이 나타났으므로 업장이 소멸되고 참회하여 소멸되었음을 믿고 기뻐하고 용기를 내겠습니다.

6. 수희분隨喜分

남이 짓는 공덕을 기뻐하겠습니다.

모든 부처님께서 처음 발심하실 때로부터 무상지無上智를 구하기 위하여 부지런히 복덕을 닦을 새 몸과 목숨을 돌보지 아니하고 무한겁이 다하도록 난행고행을 행하시면서 가지가지 바라밀문波羅蜜門을 닦으신 그 모든 공덕을 기뻐하겠습니다. 가지가지 보살도를 원만히 닦으시고 마침내 무상도를 성취하시며 열반에 드신 뒤에 사리를 분포하시는 그 모든 공덕을 기뻐하겠습니다.

또한 시방일체세계에 있는 사생四生 육취六趣 모든 종류 중생들이 짓는 한 털끝만 한 공덕이라도 존중하며 함께 기뻐하겠습니다. 시방세계 모든 보살들과 모든 성자들과 모든 스님들이 닦으시는 온갖 공덕을 다 함께 기뻐하겠습니다.

일체 중생 어떤 종류의 중생이 짓는 공덕이라도 극진히 존경하겠사옵거든 하물며 보살들이 닦으시는 행하기 어려운 여러 수행이리까! 가지가지 난행고행으로 무상도를 이루시며, 모든 중생에게 가르치시고, 또한 우리에게 올바른 행의 표본이 되시며, 깊은 가르침을 주시고 나아가 불국토를 성취하시는 그 모든 높은 공덕을 남김없이 찬양하고 기뻐하겠습니다.

세상에서 나쁜 사람이라고 낙인찍힌 사람일지라도 그가 행하는 착한 공덕이 또한 한이 없음을 믿고 그가 행한 털끝만 한 공덕이라도 진심으로 기뻐하겠습니다.

나를 해치려 하고 모함하고 욕하고 억울한 누명을 씌우거나 또는 때리고 손해를 끼친 사람이라 하더라도 그가 지닌 공덕을 찬탄하고 그가 짓는 공덕을 함께 기뻐하겠습니다.

모든 불보살과 일체 중생과 저희들은 원래가 한 몸이옵기 그중에 어느 하나가 지은 공덕은 바로 그것이 저 자신의 기쁨이 아닐 수 없습니다. 함께 기뻐함으로써, 넓고 큰 기쁨이 너울치는 큰 생명을 가꾸어 가겠습니다.

　남이 짓는 공덕을 함께 기뻐하올 때 남과 나는 둘이 아님을 확인하옵니다. 이 세간 누구와도 대립된 자 없고 불화할 사람 없사오니 이 천지 누구와도 화합하고 화목하게 지내며 존중하겠습니다.

　화합하지 아니함은 대립한 것이요, 두쪽이 된 것이며 은혜를 주신 수많은 불보살님과 담을 쌓고 척을 짓는 것이 되옵니다. 설사 부처님께 공양하고 부처님을 받들어 섬기며 경전을 외운다 하더라도 만약 부모님이나 부부나 형제나 이웃이나 그밖에 벗들과 화목하지 못한다면 부처님께 공양은 성취되지 못하옵니다. 부모님과 형제와 모든 이웃과 한마음이 되고, 존경하고 아끼고 함께 기뻐하올 때 불보살님께 공양이 성취됨을 믿사옵니다.

　부처님은 일체를 초월한 불이不二로 계시오며, 일체 중생을 하나로 하신 곳에 계시옵니다. 일체와 화합하고 일체와 둘이 아님을 쓰는 데서 저희들은 부처님의 은혜를 받을 수 있는 것이며 그 기쁨을 누릴 수 있사옵니다. 남이 짓는 공덕을 기뻐한다는 것은 진정 그와 더불어 마음을 함께함이옵니다. 저희들은 남이 짓는 공덕을 함께 기뻐함으로써 거기에서 부처님이 주시는 자비하신 은혜를 받을 마음바탕을 이루게 됨을 믿사옵니다.

　이와 같이 한마음이시며 큰 은혜를 베푸시는 부처님께 감사하겠습니다. 부모님과 형제에게 감사하겠습니다. 감사는 바로 화목이며 둘이 아님을 이루는 것이오매 저희들은 일체 중생에 감사하겠습니다. 한 몸이 생각없이 한 몸의 완전을 도모하듯이, 둘이 아닌 경지에서는 결코 서로에 해침이 없사옵니다. 일체 중생에 감사하여 둘이 아니며, 그의 승리, 그의 성공, 그의 공덕을 찬양하고 기뻐할 때, 그 모두는 나와 더불어 한 몸이거니 어느 무엇이 나를 해칠 자 있으오리까. 일체 중생과 둘이 아닌 이 몸을 이루게 하는, '감사'와 '함께 기뻐하는' 이 심묘한 법을 저희들은 생명껏 노래하고 받들어 행하겠습니다.

7. 청법분請法分

설법하여 주시기를 청하겠습니다.

일체 세계 처처에 한량없는 부처님이 계시니 제가 그 모든 부처님께 몸과 말과 뜻을 기울여 여러 가지 방편을 지어서 설법하여 주시기를 권청하겠습니다. 아무리 많은 세간적 영화가 가득 찼다 하더라도 그것은 모두가 잠깐이기에 번개나 아침이슬과도 같은 것이라, 믿고 의지할 바 못 되지만 부처님법은 이것이 영겁의 보배이며 영원한 생명수生命水입니다. 부처님의 법으로 중생은 대해탈을 성취하며 이 세계는 불국토로 바뀝니다. 이 법이 머무르는 곳에 태양이 있는 것이고, 이 법이 숨었을 때 영겁에 어둠이 있다고 하옵니다. 진정 부처님법은 진리의 태양이십니다. 오래오래 이 땅에 머물러서 영원토록 중생들을 이롭게 하여 주시기를 간절히 바라옵니다.

부처님법은 원래로 있는 것이매, 쇠衰하거나 성盛할 것도 없사옵니다. 부처님이 나타나시어서 다시 더 한 법이라도 가히 보탤 것도 없는 것이오나 그러나 미혹한 중생들에게는 부처님의 말씀이 아닌들 어찌 영원한 감로의 법을 알 수 있사오리까! 부처님의 설법을 통해서 비로소 저희 앞에 불법이 나타날 수 있사옵니다. 불법이 있으므로 해서 중생의 희망도 국토의 평화도 마침내 이룰 수 있사옵니다. 참되게 살고 싶어도 거짓과 다툼과 고통의 수레바퀴를 벗어나지 못하는 것은 중생들이 불법을 모르는 데서 오는 것이오니, 진실로 설법은 중생과 세계를 붙들어 나아갈 가장 근원적인 지혜며 힘이시옵니다.

모든 부처님께 설법하여 주시기를 청하겠습니다. 모든 대보살께 설법하여 주시기를 청하겠습니다. 모든 선지식들과 모든 스님들께 설법하여 주시기를 청하겠습니다. 설사 잠시 동안 스님을 만나거나 잠깐 동안 삼보도량에 머물렀거나 한 장의 경전을 읽은 사람에게까지라도 설법하여 주시기를 청하겠습니다. 저의 몸과 저의 말과 저의 뜻을 다바쳐서 설법을 청하겠습니다. 이 땅 위에 평화가 영원하도록 모든 중생이 환희하도록 이들 모두를 가꾸고 키워 주시는 감로의 법우法雨가 끊임없이 포근히 내려지도록 지극정성 기울여서 권청하겠습니다.

이 땅이 아무리 스산하고 이 땅이 아무리 캄캄하고 이 땅이 아무리 폭풍우가 몰아쳐도 필경 이 모든 불행과 악과 재난을 쓸어버리는 것은 오직 부처님의 법문뿐이오니, 대법문의 수레가 멈추지 않고 구르는 한 찬란한 아침해는 밝아 오는 것이며 구름을 몰아내는 한가닥 바람은 거기에 있사옵니다.

이 땅 위에 설법이 행하여지는 데는 선지식이 계시고 설법할 법당과 법을 설할 모임이 있어야 하옵니다. 부처님에게 죽림정사竹林精舍와 기수급고독원祇樹給孤獨園이 있었듯이 청법하올 대중과 설법하올 처소가 있어야 하옵니다. 서로가 화합하고 환희하며 서로가 힘을 합하여 법륜 굴리기에 힘쓴다면 설법은 더욱 더 우뢰같이 울려퍼져서 우리 사회 구석구석에 감로법우甘露法雨가 넘쳐납니다. 그러하옵기에 저희들은 법륜이 영원토록 구르게 하기 위하여 정성 다바쳐서 설법 환경을 가꾸겠습니다.

이 땅에 선지식이 나타나시어 법을 설하시는데 이를 비방하거나 모임에 불참하거나 허튼 말을 돌려서 불목하게 한다면 이것은 법륜이 구르는 것을 방해하는 것이오니 어찌 털끝만이라도 감히 그런 짓을 하오리까. 저희들은 맹세코 선지식께 설법하여 주시기를 청하겠사오며, 항상 법을 배우는 거룩한 무리들과 그 모임을 환희 찬탄하겠사오며, 법회가 열리는 곳이 비록 먼 곳이라 하더라도 가장 귀한 보물을 찾아가는 마음으로 찾아가 청법하겠사오며 선지식과 그 모임의 거룩하온 이름을 널리 드날리겠습니다.

8. 청주분請住分

 모든 부처님께 이 세상에 오래 계시기를 청하겠습니다. 모든 보살들과 성문 연각 유학 무학 일체 선지식에게 열반에 드시지 말고 영원토록 이 세상에 머무시면서 중생들을 이롭게 하여 주시도록 권청하겠습니다.

 부처님은 법계의 태양이시며 선지식은 일체 중생을 돕고 성숙시킬 마지막 의지처이십니다. 이 모든 성스러운 스승님께서는 항상 밝고 맑은 청정법을 흘러내시어 중생을 키워주시고 세계를 윤택하게 하여 주시옵니다. 저희들은 이들 모든 부처님과 모든 선지식을 물 건너는 사람의 부랑浮囊과 같이 생각하고 존중하고 의지하며, 세간의 안목으로 받들고 섬기겠습니다.

 생명의 물줄기는 이들 성스러운 선지식을 통해서 흘러나옵니다. 이 땅 위에 감로수가 끊이지 아니하도록, 복전이 영원하도록, 지혜의 태양이 영원히 빛나도록, 중생이 의지할 두려움이 없는 힘이 영원하시도록, 저희들은 기원드리겠사오며 모든 선지식에게 열반에 드시지 말고 영겁토록 머물러 주시기를 지심 간청하겠습니다.

선지식께서는 우리를 가르치시며 우리와 함께 일하시며 우리를 보호하여 주십니다. 우리의 선지식께서는 불조의 정지견正知見을 갖추셨으며 마음에 상이 없으시고 항상 청정범행을 찬탄하시옵니다. 설사 저희들이 친근코져 하여도 교만하지 않으시고 저희들이 멀리하여도 원한이 없으시오나 저희들은 이 모든 선지식에게 목숨 다바쳐 공양하고 섬기겠습니다. 선지식이 이 땅에 머무시올 때 이 땅에는 안목이 있는 것이며 선지식이 이 땅을 떠났을 때 이 땅은 지혜의 눈을 잃으옵니다. 선지식이 아니 계시올 때 중생들은 무엇을 인하여 기나긴 미망의 밤을 헤어날 수 있사오리까.

오늘 저희들은 거룩하온 선지식들을 모시고 있사옵니다. 맹세코 이들 모든 선지식을 공양하고 섬기오면서 그 가르침을 받들어 행하고 일체불찰 극미진수겁極微塵數劫토록 이 세상에 머물러 주시기를 간청하겠습니다.

일찍이 유덕왕有德王이 각덕覺德비구를 보호하고자 하여 스스로의 신명을 바침으로서 아촉불국阿閦佛國 제일의 성문이 되었고 마침내 그 호법공덕으로 정각을 이루심과 같이 저희 또한 일체의 선지식을 받들고 섬기어 거룩한 법이 이 땅에 영원히 머물도록 힘쓰겠습니다.

9. 수학분隨學分

항상 부처님을 따라 배우겠습니다.

부처님의 견고하신 발심과 불퇴전不退轉의 정진을 배우겠습니다. 지위나 재산이나 명예나 내지 목숨까지도 보시하신 것을 따라 배우겠습니다. 헤아릴 수 없는 난행고 행을 닦으시고 보리수 하에서 대보리를 이루시고 가지가지 신통 변화를 일으키시던 일을 따라 배우겠습니다. 어떤 때는 부처님 몸을 나투시고 어떤 때는 보살 몸을 나투시고 혹은 성문 연각의 몸을 나투시고 성왕이나 학자나 정치가나 사업가나 혹은 무명의 거사신居士身을 나투시기도 하며 혹은 천룡팔부등 신중神衆의 몸을 나투시면서 저들의 모인 곳에 이르러 저들을 성숙시키던 일들을 다 따라 배우겠습니다. 부처님의 음성은 원만하시고 중생의 근기 따라 알아듣게 하시며 그들의 마음을 열어 번뇌를 쳐 없애고 지혜와 환희가 넘쳐나게 하시며 마침내 저들의 기뻐함을 따라서 수행을 성취케 하시니 저희들은 그 모두를 따라 배우겠습니다. 부처님께서 열반을 보이심은 중생의 방만放慢을 여의게 하고자 하심이시니 짐짓 열반상을 보이시나 실로는 멸도함이 없사옵니다. 영원토록 중생들을 깨우치고 키워주시고자 온갖 방편 베푸시며 잠시의 쉼도 없으시는 그 모두를 따라 배우겠습니다.

부처님께서 발심하고 정진하고 고행하시고 대각을 이루시고 교화하시는 그 사이에 베푸신 칭량 못할 무량법문은 모두가 중생들이 닦아가야 할 표준을 보이심이십니다.

청정한 자성을 구김 없이 온전히 드러내는 과정과 방법을 보이심이오니 저희들은 이 모두를 따라 배워서 본래의 함이 없는 땅에 이르겠습니다. 누구나 중생된 몸에서부터 시작하여 번뇌의 몸 업보의 몸 그 모두를 벗어나고 청정한 본법신本法身을 이루고자 할진대, 부처님이 행하신 바 그 모두는, 마땅히 배우고 의지하고 닦아 이룰 위없는 대도이며 묘법임을 깊이 믿고 지성다해 받들어 배우겠습니다.

10. 수순분隨順分

항상 중생을 수순하겠습니다.

진법계 허공계 시방세계에 있는 모든 중생을 수순하겠습니다. 태로 낳든 알로 낳든 출생의 차별 없이 수순하겠습니다. 땅에 살든 물에 살든 하늘에 살든 풀섶에 살든 마을에 살든 궁전에 살든, 그 모든 중생을 수순하겠습니다. 몸의 형상이 어떻게 생겼더라도 차별하지 아니하고, 그의 수명이 길든 짧든 나이가 많든 적든 차별하지 아니하고 수순하겠습니다. 종족이나 그가 속한 계

급을 보지 않고 수순하겠사오며 그의 심성이 간악하든, 질투하든, 넓든 좁든, 선하든 악하든, 모두를 수순하겠습니다. 지혜 있든 지혜가 없든, 어떠한 행동을 하든, 거동과 형색이 아무리 괴이하더라도 다 한결같이 수순하겠습니다. 형상이 있든 없든, 생각이 있든 없든, 빛깔이 있든 없든, 모든 중생들을 다 수순하겠습니다.

부모와 같이 공경하며 스승이나 아라한이나 내지 부처님과 조금도 다름없이 받들어 섬기겠습니다.

병자에게는 어진 의원이 되고 길 잃은 자에게는 바른 길을 가리키고 어두운 밤중에는 광명이 되고 가난한 이에게는 보배를 얻게 하면서 일체 중생을 평등하게 받들고 그의 이익을 도모하겠습니다.

중생을 수순함은 모든 부처님을 수순함이 되며 중생을 존중히 받들어 섬기면 여래를 존중히 받들어 섬김이 되며 중생으로 하여금 환희심이 나게 하면 여래로 하여금 환희하시게 함이오니 저희들은 모든 중생에게 부처님을 대하듯 공경하고 받들어 섬기겠습니다.

부처님을 큰 나무에 비유하오면 중생은 나무의 뿌리요 보살은 꽃과 과실이시옵니다. 만약 나무 뿌리에 물을 주면 어찌 지혜의 꽃과 과실이 무성하지 않겠사오며 여래이신 나무가 환희로 장엄하지 않으오리까? 부처님께서는 중생으로 인하여 대비심을 일으키시고 대비심으로 인하여 보리심을 발하시며 보리심으로 인하여 정각을 이루신다 하시니 중생을 공경하고 받들어 섬김이 이 어찌 부처님을 받들어 섬김이 아니오리까?

중생이 없사올 때 일체 보살이 성불하지 못한다 하셨사옵니다.

저희들은 모든 중생을 받들어 섬기겠습니다. 원수거나 친한 이나 차별 없이 받들어 섬기겠습니다. 그러하옵거늘 어찌 부모님이나 아내나 남편이나 형제와 이웃을 받들어 섬기지 아니하오리까? 이분들을 수순하고 받들어 섬기올 때 보살의 나무는 무성하고 보리의 화과華果가 성취되오며 저희들의 생활마당에 크나큰 공덕의 물결이 넘쳐오는 것을 믿사옵니다.

이와 같이 수순을 배워올 때 어찌 이 세상에 불화하고 불목하고 대립할 중생이 있사오리까. 저 모든 중생들은 부처님이 마땅히 거두시는 바며 내가 마땅히 회복하여야 할 자기 생명의 내용입니다. 저들을 수순하고 받들어 섬김은 곧 참된 자기의 성장이며 원만성을 한층 성취하는 것이 되옵니다. 중생이 중생이 아니요 내 자성의 중생이오니 저들을 받들고 수순하며 공양하면 이것이 자기제도며 중생제도며 제불공양을 함께하는 법공양이 아니오리까. 중생은 자성분별이요 수순은 자성청정의 실현이오니, 이것이 보살의 최상행임을 믿사옵니다. 중생들을 성숙하고 참된 이익을 주기 위하여 저희들은 부지런히 지혜를 닦겠사오며 다시 서원과 방편을 깊이 닦아서 항상 모든 중생을 수순하겠습니다.

11. 회향분回向分

지은 바 모든 공덕을 널리 중생에게 회향하겠습니다.

부처님께 예배하고 공경하며 모든 부처님을 찬양하며 내지 모든 중생을 수순한 것까지의 모든 공덕을 진법계 허공계 일체 중생에게 남김 없이 회향하겠습니다.

바라옵건대 모든 중생이 항상 안락하여지이다. 일체 병고는 영영 소멸하여지이다.

악한 일을 하고자 하면 하나도 됨이 없고 착한 일을 하고자 하면 다 성취하여지이다. 저들이 나아가는 곳에 일체 악취의 문은 모두 닫히고 인간에나 천상에나 열반에 이르는 바른 길은 활짝 열려 있어지이다. 저 모든 중생들이 무시겁래 지어 쌓은 악업으로 인하여 한량없는 고초를 받게 되옵거든 제가 다 대신 받겠사옵니다. 바라옵나니 저 모든 중생이 모두 해탈하여 무상보리를 성취하여지이다.

제가 지은 공덕은 일체 중생의 공덕이 되어 저들의 미혹한 마음이 활짝 밝아지오며 불보살이 이루신 바 모든 공덕을 수용하고 불국토의 청정광명을 영겁토록 누려지이다. 옛 불보살이 이러하셨으며 오늘의 불보살이 이러하시오매 저희들의 회향도 또한 이러하옵니다.

🪔 행복으로 가는 길

　진실로 있는 것은 반야바라밀다, 원만자재한 부처님의 공덕상 뿐이다. 과거에도 현재에도 먼 미래에도 부처님의 대자비 대위덕은 변함없다.
　언제나 지금 내 생명 부처님의 무량공덕 생명인 반야바라밀다인 것을 생각하자.
　반야바라밀다는 지금 나에게서 생생히 살아 있다.
　그러므로 우리는 지금 이 순간, 빛나는 바라밀 광명 속에 있는 것이다.
　항상 새롭고 원만하고 조화로운 기쁨이 지금 우리에게 가득한 것이다.
　반야바라밀다 생명으로 생활하는 자신을 잊지 말자.
　과거에 아무리 고난이 있었어도 생각하지 말자.
　지금 우리는 반야바라밀다의 대광명으로 살고 있는 것이다.
　반야바라밀다 천지는 열렸다.
　감사하고, 환희하고, 위대한 공덕을 생활 속에서 빛내자.

　1. 인생은 물질적 존재라든가 마음이 인간이라든가 하는 데서

한층 더 나아가 바라밀다 법성이 자신이라는 것을 알아야 한다. 행복은 외부에서 오는 것이 아니라 자신의 내부에서 나오는 것을 잊지 말자.

2. 우리 환경에는 참으로 '악'이란 없는 것이다. 왜냐하면 진실로 있는 것은 바라밀 공덕뿐이기 때문이다.

고난스러운 일을 만나더라도 불행이 왔다고 생각하지 말자. 결국 그 과정을 거쳐 심신의 향상에 도움이 되는 것이 온다. 남이 폭언을 해오거나 매도해 올 때 마음이 상한다. 그렇다고 그런 감정으로 행동하지 말자.

상처난 감정은 바라밀다를 염하여 치료하자. 현상적으로는 자기가 해를 본 듯하여도 부처님의 자비가 자신을 축복하고 있는 것을 생각하자. 슬퍼하지 말자. 화내지 말자. 바라밀다를 염하고 감사하자.

3. 어려움을 만났을 때 그 어려움을 극복할 능력이 있는 것도 인정하자. 내 앞의 문제는 내가 해결할 힘을 가지고 있는 것이다. 악평을 들었다고 하여 열등감에 빠지지 말자. 경고 받은 것을 반성의 계기로 삼아서 혹평한 사람을 원망하지 말고 자기를 반성하자.

절망하지 말자. 우리는 불자다. 훌륭한 점이 풍성히 있다. 나의 잘못을 알았을 때 허물은 소멸되고 있는 것이다.

4. 연꽃잎에 물이 묻지 않듯이 어떤 허물도 참으로 우리를 더럽히지 못한다. 잘못을 붙잡고 있는 마음을 버리면 허물은 없어진다. 더럽혀 있는 것은 불자인 우리 자신의 진실생명이 아니고 겉포장지에 묻은 흙이다.

자기 반성한 결과 허물을 발견하면 고칠 결심을 하면 된다. '나는 죄인이다.' 하고 죄의식에 결박되어 마음의 평화, 자유를 잃어서는 안 된다. 우리의 본성은 원래로 불성광명 그대로다. 변하지 않았다. 결코 자신을 저주하지 말자.

5. 불쾌한 감정이 일었을 때 거기에 빠지지 말자.

그것은 우리의 운명의 적이고 미모와 젊음의 적이다. 격한 감정이 폭발하여 불쾌감정이 몸을 돌고 있으면 건강도 운명도 파괴된다. 감정 폭발의 노예가 되지 말고 감정의 주인이 되자. 감정을 지배하자.

밝은 방향으로 돌이킬 훈련을 하자. 이윽고 미와 건강과 행복이 찾아온다. 일순간이라도 불쾌한 표정을 짓지 말자. 불안한 표정을 짓지 말자.

그것은 이윽고 우리의 마음과 얼굴을 추하게 만들기 때문이다.

항상 큰 은혜를 받고 있는 것을 믿자. 감사하자.

어둠은 아침을 예고한다. 구름은 이윽고 사라진다.

6. 자신을 미워하는 것으로 보이는 사람과 대립감정을 일으키지 말자. 누구든 불성이요, 성불한다. 진실한 불자다.

완전한 불자인 것을 믿고 예경하면 그 사람은 모두 자비하고 친절한 사람으로 나에게 나타난다.

부당한 악평을 하였다고 하여 원한을 갖지 말자.

그 사람의 진실한 모습인즉, 자비하신 불보살의 마음이기 때문이다. 그는 지금 나를 수행시켜 주고 있다고 생각하고 감사하자.

악평했다고 상대방을 미워하면 미움이 돌아오고, 상대를 예경하면 예경이 돌아온다. 원래 악인이 아닌데 이해가 부족했던 것이다. 그의 내부는 선인이며 보살이다.

7. 자기 마음에 안 드는 사람이라 하여 내 마음에 들도록 돌리려고 하지 말자. 그도 불심이 있고 인격의 자유가 있다.

자기 편이 되도록 강제하지 말자. 자기가 바뀌면 상대도 바뀐다. 상대를 악인이라고 볼 때 상대는 악인으로 보인다. 상대를 축복하면 마침내 상대는 우리를 축복해 주게 된다. 조바심 내지 말고 인내성 있게 언제까지나 상대방을 축복하자. 상대방을 예경하고 찬탄할 때 그의 불심을 보게 된다. 만약 나쁜 것이 눈에 띈다 하여 나쁘다고 말하지 말자. 현상적 불량에는 눈을 감고 내부 진실 바라밀을 불러서 '당신은 불자 자비보살이다. 결코 악인이 아니다.'라고 염하자. 반야바라밀의 진실을 관하고 염하는 것이다.

8. 상대방을 변화시키고자 생각하지 말자. 저 사람도 불자다. 자유로이 무엇이든 할 수 있는 권능을 부처님에게서 받은 것이다. 우선 나의 마음이 변화하는 것이 근본이다. 상대의 마음은 내 마음의 상태가 비친 것임을 알자.

어떤 불쾌한 환경에도 우리의 정신을 살찌우는 정신적 양분이 들어 있다. 겉모양은 거칠어도 내용에는 공덕이 담겨 있는 것이다. 나를 미워하는 사람이 있거든 그 사람도 관세음보살인 것을 잊지 말자. 미워하면 미움이 돌아오고 사랑하면 사랑이 돌아온다. 내가 먼저 사랑을 시작하여 온 환경을 맑혀가자.

9. 사람을 저주하지 말자. 그것은 돌아와 자신을 해친다. 누워서 침뱉기와 같다. 저주하는 대신 칭찬하고 축복하자. 축복하는 자 축복받고 칭찬하는 자 칭찬받는다.

말과 생각은 씨앗을 뿌린 것과 같아서 싹이 트는 것이다. 좋은 씨앗을 뿌려 좋은 결실을 거두자. 남을 밀어붙여 설사 이긴 듯해도 거기엔 행복은 없다. 모두와 행복을 함께 느낄 때 참된 가치와 행복이 있는 것이다.

10. 장애를 만났을 때 절망하지 말자. 사방이 막혔어노 하늘은 푸르다. 마음의 문을 열어 부처님을 생각하자. 부처님은 어떤 환경에서도 그것을 넘어설 길을 가르쳐 주신다. 두려워 말고 반야바라밀다를 염하자. 부처님의 무한공덕이 장애를 소멸시키고 창조를 이룬다. 망상으로 이루어진 장애는 부처님의 반야광명을 받아 소멸되는 것이다.

어떤 어둠에도 비관하지 말자. 항상 마음을 밝게 하고 반야바라밀다를 염하자. 끝없이 밝은 바라밀다 광명이 일체 어둠을 소멸한다.

부처님의 무량공덕을 깊이 믿고 오직 일심으로 반야바라밀다를 염하며 초조불안에서 벗어나 전심전력 행동으로 뛰어나가자.

11. 험한 길은 서두르지 말고 차분차분 걸어야 하는 것처럼 큰 일을 만나면 큰 일을 만났다고 생각하지 말고 평정한 마음으로 반야바라밀다를 염하자. 좋지 않은 일이 생겼다 하여 그 문제와 맞싸우려 하지 말고 부처님을 생각하자. 문제가 일어났을 때 문제에 맞붙기에 앞서 부처님을 생각하는 것이다. 부처님의 지혜와 자비의 인도를 받아 문제 해결의 실마리는 열려 온다. 부처님의 지혜와 자비의 힘으로 해결 안 될 문제는 없다.

어려움을 만나거든 무엇보다 부처님의 지혜와 자비와 위덕을 생각하고 염송하자. 문제는 필경 해결된다.

12. 행복은 자신의 본성을 발견하고 진리인 본성에 안주하는 것이 근본이다. 우리의 본성이 반야바라밀다이므로 거기에는 무한의 평화와 안녕과 지혜와 자비와 덕성과 위력이 넘쳐나고 있는 것이다.

행복하자면 먼저 이와 같은 자신의 본성에 눈뜨고 이 사실을 깊이 믿어야 한다. 참으로 있는 것은 반야바라밀다, 반야바라밀다의 무량공덕뿐이다. 그러므로 참으로 행복하자면 반야바라밀다를 믿고 생각을 바꿔야 한다. 세계와 인생에 대한 생각을 바꿔야 한다.

불행이나 병고나 재난이 있다는 인생관을 바꾸어 건강하고 평화하고 조화롭고 번영만이 인생과 존재에 진실인 것을 믿어야 하는 것이다. 죄가 있다 재난이 있다는 인생관에서 그러한 나쁜 것들은 원래로 없는 것이고 무량청정 반야바라밀다만이 진실존재요, 진실세계요, 진실한 자신인 것을 알아야 한다.

행복하자면 무엇보다 이제까지의 어둠에서 반야바라밀다의 광명이 빛나는 밝은 세계로 뛰어나와야 하는 것이다.

13. 운명이 바뀌고 환경이 바뀌고 생활이 바뀌자면 먼저 마음을 바꿔야 한다. 자신을 둘러싼 환경과 자신의 온갖 것들이 자기 마음이 근원이 되어 이루어졌기 때문이다.

새로운 환경은 새로운 마음에서 시작된다. 새로운 생활은 무엇보다 행복을 생각하는 데서부터 시작하는 것이다. 생각은 이것이 하나의 종자이며, 강한 추진력을 가진 동력이다.

어제까지의 고통스럽던 일을 모두 잊자. 그리고 새로운 행복을 풍성하게 생각하자. 지금 이 자리 눈으로 보는 현상세계 저 너머에 진리의 진실한 행복이 완전하게 이루어져 있음을 생각하자.

그리고 마음으로 생각하고 마음으로 지켜보며 행복의 성

취를 확신하자. 그리고 진리의 원천인 반야바라밀다를 일심으로 염하자. 마음에 그려진 행복은 이윽고 현실로 이루어지게 된다. 기뻐하자. 부처님의 진리에 감싸인 우리다. 감사하자. 부처님의 무한공덕이 끊임없이 부어지는 반야바라밀다 생명이다.

기뻐할 때 기쁨은 더욱 불어나고 감사할 때 감사할 일이 더욱 크게 모여든다.

14. 반야바라밀다는 부처님과 부처님법의 근원이며 일체 존재의 궁극적 진실상이다. 반야바라밀다에는 어두움이 없다. 불행이 없다. 죄란 없다. 어두움이 있고 죄가 있고 불행이 있어 보이는 것은 반야바라밀다를 보지 못한 착각과 망상에서 오는 것이다. 원래로 인간에게 닥친 불행이나 재난은 반야바라밀다 진실을 보지 못한 생각에서 출발한 어둠인 것을 알아두자.

어둠이 없고 죄 없고 불행 재난이 없는 것이 우리의 본분이요, 생명의 원모습이다. 우리는 반야바라밀다 생명, 결코 더럽혀질 수 없고 때묻을 수 없는 본래 청정자다. 허물을 범한 것은 자신이 아니다. 육체적 착각이 범한 것이다.

우리의 본성인 반야바라밀다는 결코 때묻을 수 없고 죄지

을 수 없는 절대 청정자인 것이다. 진실한 우리에게는 원래
로 죄는 없다.

15. 경에는 '일체는 마음이 만든 것一切唯心造'이라 하였고, '온
    세계도 오직 마음이 있을 뿐三界唯一心'이라 하였다. 우리의
    환경 조건도 자신의 형성도 자기 마음이 이룬다는 말이다.
    우리의 세계와 생활 조건도 우리 마음이 만든 것이다. 우
    리의 환경은 우리의 자신과 깊은 관계가 있는 것이다. 지금
    우리에게 주어진 환경이 비록 힘든 것이라 하더라도 그 환
    경을 만든 것은 남이 아닌 자신이다.
    우리가 과거에 지은 마음이 현상으로 나타나고 있는 것이다.
    우리는 자신을 돌이켜 보아 고난의 원인이 자기 마음인 것
    을 반성하고 뉘우치며 생각을 돌이켜 무량청정광명인 반
    야바라밀다를 향하도록 한다. 그렇게 할 때 육체적 자아로
    생각해 낸 어리석음을 버리고 참되고 완전원만한 반야바
    라밀다 광명이 드러나는 것이다.
    어떤 문제든 모든 어려움은 진리에 비추어 볼 때 해결의
    길이 열린다. 환경을 탓하지 말고 마음을 돌이켜 보자.
    자신이 바뀔 때 환경이 바뀌는 것이다.
    마음이 바뀔 때 환경이 바뀌고 바라밀 무량공덕을 염할

때 세계가 바뀐다.

16. 행복은 먼 곳에 있지 않다. 이미 지금 우리에게 주어져 있는 것이다. 이 주어진 행복을 현상적 현실로 나타내자면 반야바라밀다를 염하고 마음을 밝혀야 한다. 우리의 진실 생명이며 무량공덕의 근원인 반야바라밀다를 염하고 또 염하여 우리 마음에 바라밀다의 순수청정을 실현하자. 거기에 바라밀다의 무량공덕 무량행복의 문이 열리고 우리의 현상에 행복이 나타난다.

    무엇보다 마음에 있는 것이 구체적 현상으로 나타나는 것을 알자. 그러므로 설사 지금 행복하지 않게 느끼더라도 바라밀다를 염하고 마음의 행복을 생각하자. 불행은 나타나면서 사라지고 마음에 그려진 행복은 이제부터 새로이 현상으로 나타난다.

    건강, 행복, 성취, 원만 이 모두는 우리 생명의 본래 모습이다. 반야바라밀다의 면목이다. 반복하여 자신의 진실을 생각하고 건강 행복을 확신할 때 확신은 현실로 나타난다.

17. 언제나 자신의 진실 생명에 눈뜨자. 결코 자신을 육체적 존재로 보는 생각을 버리자. 인간의 실상인즉 법성이며 바라

밀다이며 부처님의 무량공덕이다. 이 자각에 철저할 때 우리는 새로이 태어나는 것이다. 우리 마음의 진실이 부처님 공덕의 원천인 반야바라밀다임을 알 때 우리의 행동은 새롭게 열려진다.

육체의 눈으로 본 육체적, 물질적, 감정적 자신을 진실한 자신이라고 그릇 알고 있는 생각을 철저히 소탕하자. 부처님께서는 모든 중생이 '부처님과 조금도 다름없이 이미 이루어졌다.' 하셨고 '지혜와 덕상이 두루 구족하여 부처님과 다름이 없다.' 하셨다.

잊지 말자. 우리 생명의 진실을. 우리 인간존재의 실상을. 그러고서 위대한 꿈을 안고 용기 있게 나서자. 위대한 자신의 덕성, 지혜, 창조성을 행동으로 옮겨가자.

18. 우리의 진실 생명이 반야바라밀다이고 우리의 환경 여건이 바라밀다 공덕일진대 우리는 원래로 행복이 약속된 사람이다. 다만 마음의 상태가 어떠하느냐에 따라서 느낌은 달라진다. 부를 지키기 위하여 고뇌하는 자도 있고, 하루하루에 만족하여 가난한 듯 보이는 생활에서도 행복을 만끽하는 행복자도 있다.

언제나 자비와 평화와 존중, 건강을 생각하고 번영과 성취를 생각하는 사람은 자신이 지닌 반야바라밀다의 위력이 생각하는 방향으로 발동하여 구체적으로 행복 번영을 가져온다.

우리의 생각은 우리의 환경에 무엇을 이루게 할 것인가를 결정하는 열쇠다. 우리의 생각이 위대하고 무한한 자신의 행복을 우리의 현상 현실에 구체적 형태로 나타내는 것이다.

인생의 가치란 부도, 사회적 지위도 아니다.

얼마만큼 자성을 깨닫고 얼마만큼 사회와 인류에 공헌하였는가로 결정된다. 우리 모두 결의를 새로이 하자. 그리고 반야바라밀다를 염하여 마음을 밝게 마음을 기쁘게 그리고 결코 남의 허물을 생각에 두지 않고 바라밀다 무한공덕에 감사하는 마음으로 살아가자.

19. 우리의 운명이란 지나간 동안의 우리 생각의 축적이다. 그러므로 우리는 언제나 자신의 운명을 만들고 있으며 자신의 운명에 변개를 가할 수 있는 것이다. 마음이 바뀌면 운명이 바뀌는 것이다.

밝은 마음에서 밝은 운명이 오고 어두운 마음은 어두운 운명을 불러들인다. 너그러운 마음은 윤택한 인생을 만들어 가고 협소한 마음은 구차한 인생을 만들어 간다. 얼굴을 찌푸리면 온 세계가 불행해 보인다. 기쁜 미소를 머금고 이 세계를 볼 때 세계는 행복이 넘쳐나고 있는 것이니 문제는 운명을 논하지 말고 마음을 바꿀 것이다.

마음이 밝을수록 어두운 생각, 비관적인 생각, 불행을 예상하는 생각은 사라진다. 미움, 노여움, 원한 등 어두운 생각을 버렸을 때 버린 정도에 따라 우리의 마음은 밝아지고 바라밀다 세계와의 유통이 윤택하고 현상생활에 바라밀다 완전공덕이 넘쳐나오게 되니 이것이 행복이다.

좋은 날이 따로 없다. 밝은 신념을 가지고 결행하는 날이 좋은 날이다. 자기 한정을 버리고 바라밀다의 무한공덕세계를 생각하자. 지금이 가장 좋은 시간이다. 스스로 향상하고 인류에 도움이 되는 일이라면 지금 당장 시작하자. 내일을 말하지 말자. 내일을 말하는 자에게는 또다시 내일이 기다리고 있으니 빛나는 날은 영영 잃고 만다.

20. 흔히들 고난에 짓눌려 일어서지 못한다고 한다. 그러나 고난이 우리를 괴롭게 하는 것은 마음에서 고난을 어두운 것으로 받아들여 그것에 사로잡힐 때다. 그때가 정말 타격을 입는 때다.

고난을 능력 향상의 요건으로 맞이할 때 고난은 우리를

한층 드높이는 계기가 되고 그만큼 흥미도 더해지고 능력도 향상된다. 고난을 만나 그것을 어두운 마음으로 받아들일 때 그 사람의 능력은 위축되고 자신을 비관하게 될 뿐이다.

높은 산에 오르는 등반가의 노력이 기록 향상의 기쁨을 안겨준다. 어떤 괴로운 환경이라도 그것은 우리를 단련하고 정신을 연마하여 빛을 더하게 하는 의의를 품고 있다. 두려워하지 말고 어려움에 맞붙을 때 평탄한 길보다 정신적 능력은 더욱 빨리 향상하는 것이다.

21. 제행무상諸行無常이라 했다. 만법은 변하는 것이다. 이 몸도 천지 자연도 머물러 있지 않는다. 그러므로 현상계에 매달려 있는 한 결국 동요가 밀려오고 불안을 면하기 어렵다. 견고한 안정은 무상한 변화에서 얻기 어렵다. 반야바라밀다를 직관하고 있는 사람만이 얻을 수 있는 것이다.

끊임없이 반야바라밀다를 염하고 반야바라밀다의 완전을 확고하게 마음에 다지자. 그리고 감사하고 기뻐하자. 반야바라밀다의 행복과 무장애 신력이 이미 충만한 것을 직시하고 흔들리지 않을 때 바라밀다의 원만상은 현상의 현실로 나타난다.

반야바라밀다의 청정이, 반야바라밀다의 원만상이 드러나는 곳에 일체 경계, 일체 현상은 청정해진다. 분쟁도 재난도 병고도 실패도 대인관계도 원만상을 회복해 가는 것이다. 반야바라밀다의 청정 본래 원만의 진실을 굳게 믿자.

일체는 원만하게 조화를 이룬 것이고 왕성하게 힘이 넘쳐나고 영원히 아름다움이 흘러나오며 기쁨이 솟아나오는 이것이 반야바라밀다 본성을 회복하고 자신의 진실을 믿는 사람의 경계이다. 어떤 때라도 흔들림 없이 반야바라밀다 진실을 굳게 믿자.

그리고 감사하자. 기뻐하자.

※ 이 글은 광덕스님께서 1990년 3월 12일, 불광사 제9기 바라밀다 교육 특강 때 설하신 내용입니다. - 편자

🪔 진리의 현장

1. 진리는 만인의 희망

　진리라고 하면 지금 사람들 사이에는 좀 멀어진 말 같다. 다들 생활에 쫓기기 때문이리라. 진리라고 하면 우선 어떤 철학의 이론이거나 어려운 물리학의 법칙 같은 느낌이 앞선다. 그렇다고 진리라는 것이 우리와는 아주 동떨어진 타방세계他方世界의 일만은 아닌 듯, 그래도 우리는 주변에서 곧잘 '진리'라는 말을 듣게 된다.

　'이것이 진리다.' 또는 '그것이 진리일까?' '참으로 진리라면 마땅히… 하여야 할 것이 아닌가?' 하는 것이다.

　생각해 보면 대개는 우리의 주변에서 혹은 우리의 성장 과정에서 적어도 한때는 '무엇이 진리인가?' 하고 더듬고 헤맨 시절을 가졌을 것이다. 그리고 진리대로 살고 싶었을 것이다. 그런데 묘하게도 손에 잡히지는 않았고….

　사람들은 살아가면서 지식이야 있든 없든 그 나름대로 철학을 갖고 있다.

　'인생은 분수대로 사는 것이다.' '그냥 닥치는 대로 사는 것이다.' 또는 '적당히 해 가는 것이다.' 등등 제각기 기묘한 인생철학을 갖고 있다. 그런데 그 가운데에는 그들 나름대로 하나의 공통점을 발견할 수 있는데, 진리라면 '마땅히 …라야 할 것이다.' 하는 것이 바로 그것이다.

'진리라면 마땅히 그대로 되어야 한다.' '진리라면 마땅히 성취, 성공이 있어야 한다.' '그것이 참으로 진리라면 평화와 안녕이 있어야 한다.' '진리라면 발전과 행복이 분명히 있어야 한다.'는 등등 제각기 진리관을 가지고들 있는 것을 보게 된다.

기이한 노릇이다. 진리를 찾아 헤매다가 주저앉는 사람에게서 묘하게도 일정한 진리관을 듣게되는 것이다.

2. 만인은 일찍이 진리의 체험자

대개 '술 생각이 난다.' '담배가 피우고 싶다.' '골프를 치고 싶다.' 하는 사람은 기왕에 이미 술을 마셔 본 사람이거나 담배를 피웠던 사람들이다. 골프를 쳐보지 못한 사람이 어찌 골프 생각을 할 것인가? 진리에 있어서도 마찬가지다. 진리를 구하는 사람은 일찍이 진리를 알았거나 아니면 진리를 가졌던 사람들이다. 진리를 모르는 사람이 어떻게 진리는 마땅히 '이러이러한 것이다.' '이것은 자명지리自明之理다.'라는 생각을 낼 수 있을 것인가.

3. 진리 요구는 생명의 발현이다.

젊은 시절, 생명의 푸른 싹이 가장 발랄하게 피어오르는 시절, 지성의 눈이 트이는 그 시절에는 누구나 한 번은 진리를 구하고자 목마르게 찾아 헤맨 경험을 가지고 있을 것이다. 그것은 생명의 진실이 바로 진리이며 생명의 근본이 진리이기 때문에 생명이 당연히 자기면목自己面目의 확인을 요구하는 것이다.

그것은 진리의 질서를 자기화하려고 요구하는 것이다. 자기 생명이 진리이기 때문에 비록 착각을 일으켜 자기 진실을 확인하지는 못하더라도 진리는 '이러이러한 것'이라는 사실을 자명지리自明之理로 아는 것이 당연하지 않을까! 진리는 우리에게 평화와 번영을 가져오는 것이고 진리는 우리에게 안락과 성취를 가져오는 것이며 진리는 성공과 발전이 있는 것이고 진리는 평등하고 공정한 것이고 진리는 영원과 무한을 가져오는 것이며 진리는 자유와 환희를 가져오는 것이라는 것 등을 우리는 굳게 믿고 있는 것이다.

그러기 때문에 만약 화평하지 못하거나 번영하지 못하고 안락하지 못하고 발전이 없고 불공평하고 속박을 느끼고 불안을 느낀다면 곧 이것은 '진리는 아니다.'라고 항의하고 나서는 것도 또한 당연하다 할 것이다.

4. 진리 판단은 본래 생명에서 오는 것

이와 같이 진리를 모르면서도 진리와 비진리非眞理를 어떻게 판단하는 것일까? 이는 거듭 말해서 어쩔 수 없이 사람 사람 개개인이 바로 진리의 한 표현이며, 그의 내실생명內實生命이 진리와 통하고 그의 실지본분實地本分이 진리라는 사실에 착안하지 않을 수 없는 것이다.

맹인이 밝음을 보지 못한다 하여 밝음이 어디 다른 곳으로 간 것은 아니다. 태양이 지구에 가렸다 하여 없는 것이 아니다. 별이 구름에 가려 보이지 않는다고 별이 없는 것은 더더욱 아니다. 색맹인이 채색을 구별하지 못한다 하여 색채가 없는 것이 아니다. 그가 알든 말든 여전히 단청 빛깔은 화려하고 뭇별은 반짝이고 소곤대며 태양은 찬란하고 광명은 온천지에 가득히 뿌려지는 것이다. 진리도 마찬가지다.

진리를 알고 말고에 상관없이 그는 영원무한永遠無限하고 원만구족圓滿具足하며 절대자재絶對自在하다. 지공무사至公無私하고 만덕을 스스로 갖추었다. 온갖 지혜와 자비와 위덕과 능력이 바다같이 넉넉하다.

그것은 미迷하고 깨치고에 상관없다. 많이 닦고 안 닦고에 상관없다. 죄를 지었거나 사한 것과 상관없다. 성인聖人이고 범부凡夫에 상관없다. 유식무식에 상관없다. 성인이고 유년이고 상관없는 것이다.

5. 진리는 미오迷悟에 상관없다.

흔히들 말한다.

'깨친 사람에게는 진리이거니와 깨치지 못한 사람 즉 미迷한 사람에게는 진리가 아니라 장애'라 한다.

참으로 그런 것일까?

도대체 미迷라는 것이 무엇일까? 그것은 착각이다. 잘못 보는 것이다. 새끼토막을 뱀으로 보거나 금덩어리를 돌로 보거나 유리관을 철관으로 보거나 지구는 부동한데 해와 달이 떴다가 진다고 보는 등 인식에 착각을 일으키는 것을 말한다. 이와 같이 착각을 일으켰을 때 착각은 착각하는 그 사람에 있어 오인될 뿐이지 결코 오인과 관계없는 제삼자에게 있어서나 오인한 당사자에게서도 그 오인으로 인하여 해와 달이 뜨고 지거나 유리관이 철관이 되거나 금덩어리가 돌이 되거나 새끼토막이 뱀이 되지는 않는다. 여전히 금은 금, 유리관은 유리관이고 새끼토막은 풀섶에 흩어져 있고 지구는 쉬지 않고 돌고 돈다.

진리에 있어서도 마찬가지다. 미오迷悟에 상관없이 진리는 진리 그대로 영원 불변하다. 깨쳤다 하여 더하지 않고 미迷했다 하여 덜하지 않으며 성인에 있어 더하지 않고 범부凡夫에 있어 덜하지 않는 것이다.

독자여, 여기의 이 본불변(본래는 변하지 않는 것)의 비유는 본

연진리本然眞理에 변함이 없다는 비유인 것을 기억해 두고 오해 없기를 바란다.

6. 모두는 이미 완성되었다.

부처님께서는 말씀하신다.

법화회상의 일이다. 법화회상은 바로 법화경을 설하셨다. 다 아는 바와 같이 법화경에는 남자, 여자, 이승二乘(보살도를 닦지 않는 수행인) 모두가 성불할 것을 선언하였다. 그때까지의 일반 생각으로는 이승은 아라한阿羅漢이나 벽지불辟支佛이 극지이고 여인은 성불하지 못한다고 알려 왔는데 부처님께서는 이를 완전히 부정하신 것이다. 가섭존자, 아난존자, 사리불존자, 수보리존자, 목련존자를 위시하여 모든 부처님 제자가 성불할 것을 수기(授記:예고)하였던 것이다. 더욱이 놀라운 것은 지금 이미 모든 중생이 부처님과 조금도 다름이 없다는 말씀이다.

방편품方便品에 말씀하시기를 "사리불아, 마땅히 알라. 내가 본래 서원誓願을 세우기를 일체 중생으로 하여금 나와 똑같게 하여 다르지 않게 하리라 하였는데, 나는 이제 저 옛날에 세웠던 원願을 이미 만족스럽게 실현하였다" 하셨다. 우리는 '이제 이미 만족하였다今己滿足' 하신 점에 특별히 주목하는 바이다. 이것은 이제

부터 몇 겁劫을 드나들며 닦아서 그 다음에 성불하는 것이 아니라 '지금 이미' 여래如來라는 말씀이다.

7. 진리는 바로 현실이다.

놀라운 사실이다. 믿기 어려운 말씀이다. 그러기에 부처님께서도 말씀하시기를 "이 법은 믿기 어렵고 알기 어렵고…. 만약 믿고 가진다면 참으로 희유希有라." 하신다. 또 법화회상 벽두 이 법문 설하시기 전에 오천 인이나 되는 대중이 자리를 박차고 나간 것이다. 그만큼 법문은 만나기 어렵고 믿기 어렵고 알기 어렵다.

헌데 이 믿기 어려운 - 일체 중생이 부처님과 똑같은 지혜와 자비와 위신력威神力과 성스러운 덕상과 한량없는 공덕이 원래로 갖추어 있다는 - 사실은 누가 이를 믿든 안 믿든 사실은 사실대로 그대로 있는 것이다. 이 도리를 믿든 안 믿든 깨쳤든 못 깨쳤든 사실은 사실대로 엄연히 우리 앞에 현전되어 있으며 이를 알고 모르고에 상관없이 쓰는 자에게는 진리대로 공덕이 이루어지고 소망所望은 성취된다. 그것은 수소 가스가 가연성可燃性 물질이라는 사실을 알든 말든 수소 가스에 불을 붙이면 빛과 열을 얻는 것과 같다.

8. 이곳이 진리의 현장이다.

모든 것이 완전한 것, 영원 자재自在한 것, 지혜와 위덕威德이 원만한 것, 창조 조화調和 생명生命 행복幸福이 가득한 것 - 이것이 진리의 속성屬性이다. - 이것들은 진리에서부터 흘러나온 것이다.

완전한 진리는 여래부처님이다. 그러므로 모든 참되고 영광스러운 공덕은 부처님에게서 온다. 일체 공덕치고 부처님 밖에서 오는 것은 하나도 없다.

우리가 이 진리를 모르고에 상관없이 원래 이 진리대로 있다. 대진리大眞理대로 영원히 자재한 것이다. 아무도 이 진리 밖에 있는 자 없다.

불교인도 기독교인도 무종교인도 사교인邪教人도…, 이 밖의 자라고는 없다. 무당도 판수도 실로는 모두가 이 진리대로 있는 것이다.

부처님의 세계, 여래 공덕의 세계가 곧 진리의 현장이다.

9. 마음이 청정하면 불국토를 본다.

유마회상維摩會上에서 있던 일.

보적장자寶積長者가 부처님께 "모든 보살(구도자)은 어떤 행을 닦아서 성불하여 불국토를 성취하는가"를 물으니 부처님은 직심直心, 인욕忍辱, 사무량심四無量心, 사섭법四攝法 등 열여섯 법문을 말씀하시고 끝으로 "마음이 청정함에 따라 곧 일체 공덕이 청정하니 그러므로 만일 보살이 정토淨土를 얻고자 하면 마땅히 그 마음을 정淨하게 할지니라." 하셨다. 그때 회중에 있던 사리불 존자가 생각하기를 "만일 그렇다면 이 땅은 사바국토 - 석가모니 부처님의 국토다. 그런데 부처님은 보살 당시에 마음이 어떻게 부정하여 불토佛土가 이같이도 부정한가?" 하였다.

부처님은 이를 아셨다. 그리고 사리불에게 말씀하셨다.

"맹인이 말하기를 해가 어쩌면 이같이 어두울꼬! 한다면 이것이 누구의 허물이겠느냐?"

사리불이 대답하였다.

"그것은 맹인이 스스로 보지 못할 뿐 해의 허물은 아닙니다."
"사리불아, 중생이 허물이 있는고로 여래(부처님)의 국토를 보지 못하느니라. 나의 국토는 청정하건만 네가 보지 못한다." 하신다.

이때에 대범천왕이 사리불에게 말하기를, "사리불이여 그런 생각하지 마시오. 어찌하여 이 불토가 엄정하지 못하다 하오. 내가 보기에는 이 사바국토가 자재천궁自在天宮과 같소이다. 당신의 마음이 평등하지 않으므로 이 국토를 부정하다고 보는 것이요. 부처님의 지혜에 의지하면 능히 이 불토의 청정함을 볼 것이외다." 한다.

이때에 부처님께서 발로 땅을 딛으시니 즉시에 온 천지가 상서로운 광명이 가득하고 대지는 칠보七寶로 장엄하여 그 아름답기는 무엇으로도 형언할 수가 없다. 마치 보장엄불寶藏嚴佛의 무량無量 공덕토功德土와 같다. 그리고 일체 대중이 또한 부처님과 똑같은 연화좌에 앉아 있는 것이다.

일체 대중이 모두가 놀랐다. 이때에 부처님께서 사리불에게 말씀하셨다.

"이 불토佛土의 청정하고 장엄함을 보라!" 사리불이 감탄을 마지 않았다.

"세존이시어 일찍이 보지 못한 바이오며 듣지도 못한 바입니다. 이제야 알겠습니다. 부처님의 엄정 국토를 알겠습니다." "사리불아, 나의 불국토는 항상 이와 같이 청정하니라. 만약 마음이 청정한 사람이면 언제나 이 땅의 공덕장엄을 보리라."

10. 믿는 자만이 복을 받는다.

부처님은 이와 같이 서원을 세우시고 이와 같이 서원을 완성하셨고 이와 같이 국토는 청정 장엄하였고 이와 같이 일체 중생을 성숙成熟시키셨다.

이것은 염원念願이 아니요, 이상理想이 아니요, 미래에 이루어질 약속이 아니다. 지금 목전目前에 펼쳐진 현실이요, 사방에 현전現前한 현존現存이다.

믿음이 미치는信得及 자는 성聖이요, 믿음이 미치지 못한信不及 자는 범부凡夫라는 말이 있다. 말하자면 이 진리 현실을 믿는 자는 진리를 사는 영광을 누릴 것이요, 믿지 못하는 자는 답답한 고생 주머니를 찬 범부凡夫라는 말이다.

부처님께서는 불을 집어 들고 우리의 눈앞에 들어 대시면서 '이것을 보라!' 하신다. 이 밝은 불을 보고 불을 안 사람은 상上, 불을 보지는 못했어도 불의 밝음, 따스함, 시원스레 걸림없음을 믿고 행하는 자는 중中, 이러지도 저러지도 못하고 '깨쳐 봐야 알지 나는 중생이야' 하는 자는, 이른바 믿음이 미치지 못하는 자는, 즉 아견我見의 산에 머리를 푹 파묻고 아무것도 안 보인다고 허둥대는 자다.

11. 기뻐하자. 우리 모두는 진불자眞佛子 축복을 받은 자다.

법화회상에서 저때에 부처님의 수기授記를 받은 사리불의 기쁨을 생각해 보자.

"이제 이미 일체 중생에게 여래 공덕은 만족하셨다." 하시고 수기授記를 주셨을 때의 기쁨은 이것이 사리불만의 기쁨은 아닌 것이다. 바로 일체 중생의 기쁨이요, 믿음을 발한 모든 중생의 환희歡喜다.

생명 있는 자 그 모두의 기쁨인 것을 우리는 알아야 하겠다.

저때에 사리불 존자는 복받쳐 오르는 기쁨을 억제하면서 다음과 같이 말하고 있다.

"제가 옛적에 부처님을 따라 법法을 배우는 동안 많은 보살菩薩들이 수기를 받는 것을 보았사오나 저는 그에 참례하지 못하여 매양 부처님 지견知見을 잊은 것을 심히 한탄해 왔습니다…. 그러나 이제 부처님으로부터 일찍이 들은 바 없는 미증유未曾有 법문을 듣고 마음속 모든 의심은 끊어졌사오며 신심身心이 태연하여 즐겁고 안온하옵기 이를 데 없습니다. 세존이시여 이제야 알았습니다. 저희가 바로 진불자眞佛子인 것을!" 하고 있다.

진불자眞佛子! 우리가 진불자, 진리왕국의 왕자다.

그래서 진불자는 감사와 환희 그리고 무엇으로도 지울 수 없는 화안和顔으로 계행戒行을 삼고 진리의 바다에 깊이 들어 다함 없는 창조創造와 보은행報恩行을 전개하여 환희와 행복을 누려야 할 의무가 있다.

🪷 우리 모두는 마니주의 주인

약 3천 년 전 어느 날 인도 영취산에는 그날도 석가모니 부처님의 법석이 이루어져 수천을 헤아리는 많은 사람들이 모여 있었다. 그때 부처님은 손에 구슬 한 개를 들고 나오셨다. 이른바 마니주摩尼珠다. 부처님은 구슬을 대중 앞에 들어 보이면서 "이 마니주는 어떤 빛깔을 하고 있느냐?"고 물으셨다.

마니주란 신비한 구슬로 알려지고 있는 이른바 여의주如意珠다. 마니주를 가진 자는 무엇이든 막히는 것이 없고 일체를 성취한다고 한다. 물에 들어가도 빠지지 않고 불에 들어가도 타지 않고 일체 조화造化가 자재하다는 것이다. 그런데 마니주는 보는 사람에 따라 빛깔이 다르다고도 한다.

그때에 거기 모인 청중 가운데 맨 앞에 있던 제자들이 일어서서 제각기 말하였다. 어떤 사람은 푸르다고 하고 또 어떤 사람은 붉다고 하고 또 어떤 사람은 누르다고 하는 등 제각기 본 대로 말하였다.

부처님은 이 말을 듣고 나서 이번에는 구슬을 거두어 옷깃 안에 숨기고 두 손을 번쩍 들어 보이며 말씀하셨다.

"자, 이 구슬은 어떤 빛깔을 하고 있는가?"

이 말씀 아래 대중들은 어리둥절했다. 앞서 말했던 제자가 머뭇대다가 말씀드렸다.

"세존이시여. 세존께서는 지금 아무것도 갖고 있지 않사온데 무슨 빛깔이 있다고 하십니까?"

이때에 부처님은 엄숙히 말씀하셨다.

"그대들은 어쩌면 그다지도 아득한가. 금방 세간의 마니주를 보였을 때는 이말 저말 말이 많더니 이제 진실한 마니주를 보였는데도 아무 말도 못하는구나." 부처님은 빈손을 번쩍 들어 진실한 마니주를 보이셨다. 한 물건 가지지 아니 하였을 때 진실한 마니주가 온전히 드러남을 보여 주셨다. 허물 되는 말을 감히 한다면 부처님은 참된 마니주를 보여주신 데 그치지 않고 우리 모두가 진실한 마니주 자체임을 가르쳐 주시고 다시 이 마니주를 보라고 눈앞에 들이대며 깨우쳐 주신 것이다.

빈손 번쩍 들어 보이는 가운데에 일체성취, 일체자재, 원만구족의 대 진리는 전면적으로 드러나 있는 것이다. 부처님은 실로 여기서 만날 수 있는 것이다. 부처님은 그것을 가르쳐 주셨다. 이것을 안다면 우리가 비록 미혹하여 밖으로 진리를 찾아 헤매고 온갖 허망과 죄악을 가득히 붙들고 있다 하더라도 우리의 본래면목本來面目은 무진장한 진리광명 그대로인 것도 알 수 있다.

우리는 마니주 법문에서 새로이 눈을 뜬다. 우리들이 비록 진리에 미혹하여 우매한 상태로 떨어졌더라도 우리의 본래 생명에는 영원불멸, 무한 창조의 권능적 위력이 원래 자약自若함을 알게 된다.

그리고 한 생각 돌려 이러한 자기 본성에 눈떠서 스스로의 긍지와 신성과 존엄을 지키고 구김없이 내어 쓸 것을 생각한다. 동시에 설사 어떤 역경에 부딪쳐 절망적 상황에 빠지더라도 실로는 걸림이 없는 창조의 위력이 언제나 살아 있음을 알게 한다. 그러니 어찌 절망이 있을 수 있겠는가.

마니주로 표현된 근원적 진리는 우리 생명을 끊임없이 흐르고 변함없이 생생하다. 무한의 지혜와 무한의 자비와 무한의 위덕이 원래로 거기 자족하다.

이 신성, 이 존엄은 누가 베풀어줘 있는 것이 아니라 본래의 모습이다. 이러한 근원 진리 밖에 다른 것이란 없다. 있는 것은 진리뿐이다. 인간과 우주는 이 진리의 전개이며 모습이고 인간은 그 중심인 것이다. 그렇다면 우리의 환경이 좋든 나쁘든 누가 만들어 준 것이 아니라 인간 스스로가 미혹하여 스스로 망령된 경계를 이루었음을 알게 된다. 우리를 둘러싼 환경조건은 바로 우리 마음을 비춘 거울인 것이다. 그렇다면 오직 우리들 자신이 진리에로 바뀜으로써 우리의 환경과 앞날이 밝게 바뀔 것이 아니겠는가.

우리 모두는 마니주의 주인공이다.

스스로가 무한창조의 권능자다.

거룩한 진리의 본성을 깨달아 진리본연의 평화와 자비와 끝없는 번영을 꿈꿔 평화와 발전을 이루어야 할 것이다. 그리고 절망, 비관, 무거운 죄의식과 오만, 대립이 우리의 운명과 역사를 어둡게 만든다는 것을 알아 엄히 경계하여야 할 것이다.

형제들이여, 마니주의 주인공들이여, 태양을 삼킨 밝은 꿈, 줄기찬 정진으로 마니주의 창조력을 유감없이 발휘하자.

※ 경향신문, 1981년 10월 3일(토요일) 주말명상 난에 실렸던 내용입니다.
   - 편자

🪷 광덕스님의 '마하반야바라밀다' 수행법

1. '마하반야바라밀다'의 의의

 '마하반야바라밀다'는 잘 알려진 바와 같이 큰 지혜의 완성이라는 뜻입니다. 여기서 특별히 관심할 것은 장차 완성한다든가 어떤 조건이 붙은 완성이 아니라 이미 완전하게 완성되어 있다는 점입니다. 이것은 무엇이 어떻다고 설명할 수 없는, 생각이나 마음을 초월한 무한 절대의 완성, 진리 본연의 완성을 뜻합니다.

 경에 이르기를, '반야바라밀다는 모든 부처님과 부처님의 법이 나온 곳'이라고 하여 불모佛母라고 합니다. 모든 부처님이 부처님이게 된 근거는 '반야바라밀다'라 하였으며 모든 부처님에 앞서 반야바라밀다를 공경하고 공양하라고 하셨습니다.

 그러므로 진리의 길을 구하는 사람은 마땅히 반야바라밀다를 구하여야 할 것입니다.

 개인의 완성에 있어서나 사회의 완성에 있어서나 역사와 국토의 완성에 있어서도 무엇보다 반야바라밀다를 구하라는 뜻이 됩니다.

 반야바라밀다는 근원적 진리이며 주체적 진리입니다. 우주와 시간이 벌어지기 이전의 원모습이며 시간과 역사가 벌어진 후에도 그 원모습이며, 무궁한 시간과 공간과 존재와 발전의 근원적 원모습이 반야바라밀다라는 말이 됩니다. 이 땅의 평화와 번영을 생각하고 부처님과 그 거룩한 진리를 알려면 반야바라밀다를 알아야 하는 것입니다. 생명의 근원이 반야바라밀다이고 우리의 참 모습이 반야바라밀다이며 일체 존재를 초월한 실존이 반야바라밀다라는 말입니다.

그러므로 우리들이 참된 인간을 확립하고 진실한 자기를 회복한다는 것은 반야바라밀다를 아는 것이라 하겠습니다.

또 이 땅, 이 사회, 이 질서가 진리본연의 질서가 되어 인간 생명을 진리로 가꾸고자 하면 역시 반야바라밀다에 의한 사회이어야 하겠고 그에 따른 운영이어야 한다는 말도 됩니다. 개개인의 덕성과 지혜와 창조적 힘을 발휘하는 것도 반야바라밀다의 활용에서 오게 됩니다.

이렇게 살펴보면 반야바라밀다는 진리이며 실존이며 일체 생명의 현실입니다. 그래서 일체생명이 삶의 보람을 누리고 발전과 평화를 이루자면 모름지기 반야바라밀다에 의지하여야 합니다.

반야심경은 이 점을 가장 짧은 말로 표현하고 있습니다. 인간을 둘러싼 감각적·육체적·물질적·자연적·정신적 일체 한계를 초극합니다. 일체 고난을 없이하고 일체 장애와 두려움을 소탕합니다. 반야바라밀다는 무상진리로 인도한다고 말씀하고 계십니다.

반야바라밀다는 문자 그대로 대지혜의 완성이며 진리생명의 완성이며 진리국토의 완성이라 할 것입니다.

2. 마하반야바라밀다 염송

반야경에는 이런 말씀이 있습니다. '어떤 선남자 선여인이 반야바라밀다 법문을 숭배하고 온갖 공양구로써 공양하였을 때와, 한편에 부처님의 사리탑을 공경하고 공양을 올렸을 때와 어느 쪽이 더 큰 복덕이 있는가?' 이에 대하여 대답하기를, '부처님은 완전무결한 최상의 공덕을 갖추셨으니 그 부처님은 어떤 도를 닦아서 최상의 무극의 도를 깨달았겠는가?' 반문하고 '그것은 반야바라밀다를 배웠기 때문'이라고 말하고 있습니다.

또 부처님을 여래라고 부르는 것은 '그 신체의 특성 때문에 그렇게 부르는 것이 아니라 반야바라밀다를 이루었기 때문에 여래라고 말한다'고 말하고, 결론적으로 반야바라밀다를 공양하면 참으로 부처님을 공양하는 것이라고 말씀하고 있습니다. 그리고 이어서, '반야바라밀다는 여래의 진정한 몸이니 모든 부처님은 법신이요, 물질적 존재인 신체가 아니니 여래는 마땅히 법신이라고 보아야 하고, 여래는 곧 반야바라밀다에서 나툰 바'라고 말씀하고 있습니다.

또 경에는, '반야바라밀다가 제불의 어머니'로 비유되고 있습니다. 그래서 반야바라밀다는 여래의 어머니이고 낳으신 어버이시며, 여래에게 일체를 아시는 공덕성을 나타나게 한다고 하였습니다. 그러기에 옛 조사들도 항상 반야바라밀다를 염하고 반야경을 지송하면 견성한다고 말한 것입니다. 금강경에는 일체 제불과 제불의 법이 반야바라밀다에서 나온다고 말씀한 것을 아실 것입니다.

또 '세존은 반야바라밀다와는 다르지 아니하며 반야바라밀다는 세존과 다르지 아니하며 세존이 곧 반야바라밀다요, 반야바라밀다가 곧 세존'이라고도 말씀하고 계십니다.

이상 몇 가지만 살펴보아도 제불의 근원이 반야바라밀다이며, 일체 중생의 성불할 법문도 반야바라밀다이며, 반야바라밀다가 일체 공덕을 나타내는 근본임을 알 수 있습니다.

다시 말을 바꾸면, 반야바라밀다가 법이며 진리이며 일체 공덕의 원천이며 삼세제불의 진면목이고, 우리가 소망을 이루고 내지 성불하는 통로라는 사실을 알 수 있습니다.

그렇다면 우리가 생각하고 믿고 행할 근본 과제가 무엇이겠습니까? 우리는 반야바라밀다를 깨달아야 하며 반야바라밀다 공덕을 알고 믿어야 하며, 반야바라밀다에 친숙하도록 끊임없이 노력하여야겠습니다. 이것이 가장 수승한 수행이 아닐 수 없습니다.

그러므로 우리는 마땅히 반야바라밀다를 바로 알고 믿고 닦아야 하겠습니다. 반야바라밀다를 염하고 친근할 때 일체 제불을 염하고 친근하는 것이 되며, 반야바라밀다를 자신에게서 성숙시켜 깨달아 들어가는 것이 제불의 공덕을 자신에게서 이루는 것임을 알 수 있습니다. 이렇기 때문에 저는 반야를 깊이 배울 것을 생각하며 바라밀다염송을 하는 것입니다.

제가 말씀드린 바는 저 스스로의 해석이나 독단론이 아니고, 대반야경에 있는 부처님 법문의 일단을 말씀드린 것이니 반야경을 보다 깊이 친근하여 바라밀다 공덕을 성취하시기를 간절히 바랍니다.

3. 마하반야바라밀다를 향한 자세

마하반야바라밀다는 반야심경에서 관세음보살이 말씀하신 바와 같이 허무와 허위를 벗어나 진실과 진리의 충만을 구사하는 것입니다.

그러므로 진리를 자기 생명으로 알고 생각하며 행동하는 것이 기본 자세이며, 불보살님의 은혜로운 위신력과 함께 있다는 것이 바라밀 신앙의 기본이며, 밝고 긍정적이며 적극적인 태도가 기본적 생활 자세이며, 일체 형제와 동포와 조국이 한 몸이며 주변 상황의 책임이 자신이라는 자세가 바라밀다 신앙의 사회적 입장입니다.

이 도리는 이론으로 배우기보다는 마하반야바라밀다를 착실히 공부해 가면 저절로 알아지는 것입니다.

4. 나무마하반야바라밀다

『불광』에는 매호마다 부처님을 믿고 마음을 바꿈으로써 여러 가지 기적적 일들이 벌어진 증언이 실려 있다. 간경화증으로 거의 생을 포기했던 내과 박사가 염불을 하고 가족과 이웃에게 감사하는 마음으로 마음을 바꾸자 곧 병이 나았다든가, 자궁암에 걸렸던 분이 염불과 사심없는 봉사행으로 암종창이 없어졌다든가, 등등 기적적인 일들이 연상 소개되고 있다.

그런데 이런 행운아들은 대개 의사가 치료를 포기하였을 때 비로소 일체 생각을 버리고 부처님에게 향하여 자신의 마음을 바꿨던 것이다. 이들은 마음을 자기 심중으로 쓰며 과학지식이나 현대 의술이나 범부의 상식적 생각에만 매달렸던 종전의 태도를 일조에 포기하고 부처님에게로 마음을 돌린 사실을 우리는 주목하여야 할 것이다.

원래 부처님은 한량없는 자비의 근원이시다. 한량없는 지혜와 공덕이 끝없이 넘쳐나신다. 이 부처님의 은혜의 세계를 등졌을 때가 범부의 세계이며 한숨과 눈물이 뒤섞인 중생세계인 것이다.

마음을 부처님에게로 돌리자. 어려움을 만나고 절망적인 상태에 이르러서 한숨과 탄식에 빠졌다가 어두운 구렁텅이에서 울지 말고 아예 당초부터 마음을 부처님에게로 돌리자. 부처님의 은혜와 한량없는 자비공덕이 이유 없이 조건 없이 마음이라 하는 우리의 참생명 속에 부어지고 넘쳐 있는 것을 생각하자.

이럴 때 고난이 없어진다. 병고가 없어진다. 장애와 액난이 사라지는 것이다. 불국토를 건설한다 하는 것은 바로 우리 마음의 개혁이며 우리의 가정과 생활의 개혁이며 사회의 변혁인 것이다. 부처님을 믿으면서 마음을 부처님에게로 돌리지 않는다면 거기에 행복이 올 리 만무하다.

고난이 닥쳤을 때 급히 깨우쳐 부처님에게 마음을 돌리며, 이 몸이 허망하고 덧없음을 느꼈을 때 마음을 부처님께 향하고, 이 세상에 평화·번영이 담겨지기를 기원할 때 우리의 마음을 부처님 태양 앞에 활짝 돌리자. 만사는 마음이 만든다고 하는 것은 이와 같이 우리 자신에게 부처님 마음을 맞이해 들이는 데 있는 것이다.

혹자는 말하기를 '행운과 행복 등 현세의 이익을 생각하는 종교는 미신이다' 하는 사람도 있다. 그러나 그런 사람은 자기 종교를 하나의 지식이나 겉치레로 삼고 있다는 사실을 모르는 사람이며, 진리는 우리의 현실을 떠나 따로 없다는 사실을 모르는 사람이다.

『불광』은 창간 이래 일관하여 참된 행복의 길을 추구해 온다. 그리고 '마하반야바라밀다'를 항상 생각하고 불러서 마음속 가득히 부처님의 무량공덕심을 담도록 힘써 왔다.

그리하여 물질주의에 사로잡혀 둔할 대로 둔해진 우리의 심성에 새로운 생기를 주고 우리의 생활에 밝음과 윤택을 주기를 추구해 온 것이다.

이제 다시 소리 높여 '마하반야바라밀다'를 부르고 마음에 가득히 부처님을 맞이해 들이기를 기약한다.

5. 바라밀다 성역을 지키자.

경에 이르시기를, '온 세계는 오직 일심이요, 마음 밖에 다른 법이 없다' 하셨다.

오직 일심이 존재의 근원이요, 세계의 근원은 마음뿐이라는 말씀이다. 따라서 인간과 세계의 본질이 마음이며 고뇌와 혼란의 중생세계의 원인도 마음임을 알려준다.

부처님의 이 가르침은 고뇌와 불안 속의 인간에게 밝은 해탈의 길을 열어 주신 것이며, 이 땅 온 세계를 청정과 평화와 번영으로 바꾸는 위없는 진리를 설파하심이다.

너무나 유명한 이 가르침을 우리가 너무나 등한히 하고 있는 것을 반성한다.

고난에서 벗어나고 불안에서 평화를 추구하며 속박에서 끊임없이 자유를 추구하는 것이지만, 그런 소망을 이루는 근원 원리인 삼계유심三界唯心의 가르침을 너무나 잊고 있지나 않은가!

우리들은 대개 자신의 마음은 환경에 좌우된다고 생각하고 있다. 고요한 환경에서 마음이 고요하고, 즐거운 환경에서 마음이 기쁘며, 자유스러운 환경에서 그 마음에 활기가 있다고 한다. 이것은 분명 범부 중생의 현실이다.

그러나 돌이켜 보면, 이것은 일체 환경에 그 마음을 맡겨 두고 인간 본성의 자주성을 망실한 데서 오는 것이다. 마치 빈 집에 문을 열어 놓아 청풍에 명월이 비추기도 하며, 먼지가 불어 들기도 하고 도적이나 너구리가 스며들기도 하는 것과 같은 것이다.

원래로 이 마음은, 더러움도 혼란도 갈등도 일체 존재도 초월한 청정한 근원이다.

이 마음이 근원이 되어 우리들 자신과 우리의 세계 환경을 나타낸다. 그래서 마음이 근원인 것이다.

그러므로 이 마음의 청정과 안정과 자주적 권능은 어느 때라도 밝게 지켜져야 한다. 이 마음이 흔들리고 어지럽다는 것은 바로 자기 환경과 세계를 불안과 혼란으로 몰아넣는 원인이 되는 것이다.

돌이켜 생각하면 이 마음이야말로 일체의 근원이니, 인간에게 있어 가장 신성한 영역이라 할 수 있다. 이 성역은 신성하고 청정한 본래의 상태로 지켜져야 한다.

그런데, 무엇이 우리의 청정 성역을 파괴하는 것일까?

두 가지를 말할 수 있다. 첫째는 원래로 절대 성역의 주체인 청정 본성을 망각하고 따로 가치와 진리를 구하고 한눈 파는 데 있는 것이고, 또 하나는 앞서 말한 바와 같이 우리의 마음을 임자 없는 빈섬으로 비려 두는 데 있는 것이다.

우리의 본성청정을 끊임없이 가꾸어 가자면 첫째는 무엇보다 본래 청정한 자성임을 보고 깨닫는 데 있는 것이지만 그렇지 못하다면 모름지기 '마하반야바라밀다'를 항상 염하여 일체 청정의 대공덕 태양이 자기 본심에 찬란히 빛나고 있음을 끊임없이 추구하고 지켜가야 한다. 이것이 우리 성역의 침범자를 근원적으로 봉쇄하는 방법이며, 성역의 신성과 무량공덕을 온전히 지켜가는 방법이다.

성역을 침범하고 파괴하는 둘째자는 불안·공포와, 타인의 허물을 보는 것과 탐진치 삼독이다. 자신의 생명의 뿌리가 진리의 태양이며 부처님 공덕임을 알지 못하는 데서 인간 바탕에는 깊은 공허지대가 형성되고 거기서 끊임없이 우수와 사려와 불안 공포가 스며온다. 그리고 일체 존재는 유형적 물질적인 것이라는 견해에 떨어지고 인간 불행이 끊임없이 물결쳐 오는 것을 상상한다. 이것들이 우리 성역의 중대한 파괴자들인 것이다.

또 탐진치 삼독심을 뿌리로 삼아 일어나는 온갖 감정과 무지의 물결이 횡행하므로 우리의 성역은 더욱 황폐해 가고 파괴된다. 더 나아가 끊임없이 타인을 대하며 그의 허물을 보고 세계의 악을 보며 과거의 불행과 실패를 생각하는 데서 더욱 성역의 공덕은 상실되고 거칠어 가는 것이다.

이렇게 생각해 볼 때 우리들은 무엇보다 내 생명의 실질이며 근원인 바라밀다 성역을 지켜가야 함을 새삼 느낀다. 이 마음이 반야바라밀다의 근원이며 마하반야바라밀다가 내 생명임을 잊지 말아야 하겠다. 무진장한 여래공덕은 찬란한 진리의 태양이 되어 내 생명 성역에 항상 타오르고 있는 것이다. 어찌 이것을 외면하고 따라 헤매며 우수사려하고 삼독심을 부리며 타인의 잘못을 인정하여 비판하고 추궁함으로써 자신을 어두운 구렁, 불행의 늪으로 몰아갈 것인가.

모름지기 반야바라밀다의 진리 생명을 깊이 믿고 합장하여야 할 것이다. 감사하고 기뻐하며 항상 환희로써 생각하고 말하여야 할 것이다. 끝없는 평화와 발전의 희망을 부풀리고 용기와 정진으로 자신을 장엄하여야 할 것이다. 성공을 생각하고 발전을 꿈꾸며 평화와 뜨거운 우정을 간직하여야 할 것이다.

이렇게 하는 것이 우리 모두의 원래의 얼굴이며 모습이 아닌가. 성역의 온갖 공덕을 지닌 주인공의 자세가 아니겠는가. 생활과 환경과 세계를 바꾸어 불국토의 광명을 펼쳐 가는 이것이 늠름한 불자의 모습이 아니겠는가.

거듭 성역의 자각, 성역의 호지, 성역의 주인공, 성역의 건설자를 생각한다.

6. 바라밀다를 방패로 삼자.

부처님께서 수행 중일 때 보리수 아래 금강보좌에 앉아 "정각을 이루기 전에는 결코 이 자리를 뜨지 않으리라" 결심하였을 때 마궁이 동요하고, 마왕이 크게 놀래어 보살의 수행을 방해하였다고 전해 온다. 혹은 천녀를 보내어 유혹하고, 혹은 군사를 보내어 위압해 오고, 혹은 신력을 기울여 물, 불, 돌 등 온갖 포악을 퍼부었다고 한다.

그러나 보살은 미동조차 하지 않으시고 이들 마군의 온갖 장난을 물리쳐 저들을 항복 받으시고 급기야 예정된 정각을 이루고 말았다. 이 점은 불타전에 마군을 항복받은 사건으로 상세히 전해 온다. 만약 저때에 보살이 마군을 조복받지 못하였던들 오늘의 불교가 있을 수 없음은 명백하다.

그러면 보살은 저때에 무엇으로써 강포한 마군의 폭거를 조복

받으셨을까?

경에는 이렇게 적고 있다.

"보살은 과거 무수겁을 수행하는 동안, 누구나 와서 청하는 것을 일찍이 어긴 적이 없었다. 고행을 이기고 깨달음을 구하며 보시, 지계, 정진, 인욕, 선정, 지혜 등 육바라밀다를 항상 닦았다."

다시 말하면 오랫동안 반야바라밀다를 닦았다는 말이다. 그리고 실지 보리수 하에서도 "바라밀다를 방패로 싸우리라." 하고 계셨다. 어떻게 하여 바라밀다를 방패로 마군을 대적하셨다는 말일까.

경에는 또 이렇게 적고 있다.

"마음이 움직이지 않기는 수미산과 같아서 저 마군중을 환화幻化와 같이 관한다.

모든 법은 다른 바 없고 분별할 바 없으니 이슬과 같고 뜬 구름과 같다. 법상을 이와 같이 바르게 생각하여 마음의 경계는 공하여 실이 없다…"

저때에 보살은 밀어닥치는 마군의 온갖 경계나 폭거를 이와 같이 환화幻化로 관하시고 분별이 없어 그 마음 경계가 허공 같았다는 것을 우리는 주목하는 것이다.

보살은 이와 같이 오랜 기간을 닦으시고, 이와 같이 바라밀다를 행하시어 필경 대각을 이룩하셨다. 이 점을 생각하면 오늘날 우리들이 무엇을 어떻게 닦아 대각의 길을 갈 것인가에 대하여 명백한 해답을 얻게 되는 것이다.

바라밀다를 방패로 삼아 마군중을 항복받으신 것처럼 우리들의 수행 또한 반야바라밀다를 근본으로 삼아 마군중과 같은 온갖 경계를 당하여 그 경계를 환으로 관하고 마음에 한 물건 없는 청정을 현전하여 수미산과 같이 동하지 말아야 하는 것이다.

이렇게 살펴본다면 우리를 둘러싼 환경 조건이 아무리 거칠더라도 우리는 그 거친 환경에 휘둘림 없이 청정본심에 부동하여야 할 것이다. 혹은 고난이 밀려오고, 혹은 실패의 구렁이 앞을 가로막고, 혹은 절망의 강물이 밀어닥쳐도 이 모두에 마음 두지 말고 마음을 허공처럼 맑게 간직하고 그 속에 충만한 바라밀다 위력으로 우리의 정진이 계속되어야 할 것이다.

원래로 바라밀다는 완성이며 성취며 도피안到彼岸이다. 각성이며 진여며 원만성이다. 원래로 제법의 본성이 이것이며 제불의 근원이 바라밀다이다. 그러므로 지혜와 자비, 평화와 조화, 무한대의 창조, 번영, 성취력이 바로 바라밀다인 것이다.

그러므로 오직 바라밀다에 의지하여 일체를 대하며, 일체를 보지 아니하고 바라밀다를 직관하는 것이 이것이 부처님이 보리수 아래에서 마군을 항복받은 도리이고 정각을 이룬 근원이었다.

오늘날 우리들 생활이 재난을 극복하고 깨달음의 피안으로 가는 보살의 길일진대, 우리는 모름지기 부처님의 보리수 하의 지혜를 배우지 않을 수 없는 것이다.

그러면 우리들은 세존의 보리수 하의 지혜를 어떻게 배운다는 말인가. 반야바라밀다를 확신하고 육바라밀다를 실천하는 것이라 하겠다. 이와 같은 우리의 바라밀다행에서 마군 중은 극복되고, 수행상의 온갖 장애는 소멸되며, 사회와 국토에는 평화 번영이 꽃피고, 자성국토에는 바라밀다 태양이 빛날 것이 아닌가. 거듭 말해서 바라밀다의 확신과 바라밀다의 실천이 오늘의 개인과 사회를 함께 구제하며 법성국토를 열어 가는 것이라 하겠다.

자, 그렇다면 우리 모두 두 주먹 불끈 쥐고 앞으로 나아가자. 바라밀다를 실천하자. 부처님이 열어 놓은 대도를 향하여 우리 모두 정진의 행렬을 줄기차게 몰고 가자. 그래서 부처님의 동성정각同成正覺의 큰 열매를 역사 현실에서 거두도록 하자.

7. 위대한 갑옷을 입자.

우리들 불자들의 목표는 불법의 실현에 있다. 그리고 불법은 무엇을 목표로 삼느냐 하면 중생 성숙과 국토 성취다.

모든 사람을 진리로써 완성하여 지혜와 덕성과 능력을 완성하는 것과, 우리의 국토, 우리의 생활환경을 진리가 구현한 평화번영과 중생의 완성을 보장해 주는 환경으로 만드는 것이다.

참으로 위대하고 원대한 목표다. 위대한 원이 불자들의 삶의 방향을 제시하고, 삶의 가치를 말해주며 삶의 보람을 거두게 하고 역사와 사회에 위대한 빛을 보태게 되는 것이다.

그런데 불자가 이와 같은 큰 원을 세우게 되는 직접 동기는 무엇일까? 그것은 장애라는 환경여건 속에서 인간의 부덕·무능·왜소·불행의 자각이다.

불자는 불법을 만나서 자신의 본성이 위대한 진리의 태양이며 원만한 진리공덕이라는 것을 믿게 된다. 그러나 우리들이 경험하고 있는 현상세계는 그렇게만 보이지 않는다. 고와 장애와 무능이 너울치고 있다.

이 점에서 불자는 고와 장애를 극복하여 이 땅에 평화를 실현하고 인간의 안녕 행복을 확보하며 나아가 인간의 완성을 추구하는 원과 행이 있게 되는 것이다.

불자에게 위대한 소망을 이룰 힘은 어디서 오는 것일까? 그것은 두말할 나위 없이 부처님이다. 진리에서 온다는 말이다. 진리이신 부처님이 진리인 지혜와 대자비와 막힘 없는 위신력으로 불자로 하여금 위대한 서원을 완성토록 인도하며 뒷받침하는 것이다. 장애의 극복과 완성의 위력을 공급하신다.

부처님께서는 말씀하셨다.

"보살은 맹수가 우굴대는 황야를 가더라도, 도적이 횡행하는 황야를 가더라도, 물도, 먹을 것도 얻을 수 없는 황야를 가더라도, 질병이 유행하는 황야를 가더라도 두려워하지 않는다. 어려움을 만날 때마다 두려워하지 않고 법을 깨닫는다."『대반야경』

보살의 원을 세운 불자들은 병고·기근·재난 등 어떠한 고난을 당하더라도 그러한 현상적인 것에 흔들리지 아니하고 도리어 그때마다 법을 깨달아 법으로써 자신을 무장하고 법의 위력을 발휘해 간다는 말씀이다. 그러면 어떤 법을 깨닫는다는 말인가.

"이 세상에는 실로 병이 없고, 병으로 인하여 다칠 사람도 없다."고 공성空性을 통달한다. 이러한 위대한 갑옷으로 몸을 굳히고 중생을 위하여 육바라밀을 닦으라.

불자가 의지하고 믿고 있는 부처님 법은 이런 것이다. 맹수나 도적이나 기근이나 질병이나 그 밖에 고통스러운 온갖 사항들도 실로는 없는 것을 아는 것이다. 고통스러운 현상의 무無를 사무쳐 아는 것이다.

그뿐만 아니라 고통스러운 상황을 당하여 고통을 당할 자신[사람]도 없는 것을 깊이 믿는다. 어려운 일을 만날 적마다 법을 깨닫는다는 것은 이와 같이 경계도 공하고 경계를 받아 분별하는 자도 무無인 것을 통달하는 것이다. 아무리 어려운 경계가 밀어닥쳐도 그것이 허사인 것을 알고 동요하지 않을 뿐만 아니라 중생을 위하여 세운 바 행을 꿋꿋하게 관철해 가는 것이다. 불자가 세운바 청정원과 행은, 이것이 바로 진리생명의 빛이며, 부처님의 은혜로운 지혜가 자신을 통해서 솟아나고 성장하고 있는 것을 의미한다.

이와 같은 거룩한 불자의 원과 행은 자칫 어려운 환경조건, 어려운 상황을 당하여 흔들리고 때로는 좌절하고 후퇴할 수도 있는 것이다. 이런 때에 부처님은 위대한 법, 위대한 갑옷으로 몸을 굳히라 하셨다. 위대한 법 반야바라밀다가 바로 위대한 갑옷이니, 위대한 위력의 근원이며, 중생과 국토를 함께 성취시키는 위대한 법문인 것이다.

불자형제 여러분!

우리 모두 위대한 갑옷을 입자. 반야바라밀다의 갑옷을 입자. 우리의 서원을 가로막는 어떤 장애도 무임을 알아서 흔들림 없이 바라밀다의 대행을 밀고 가자. 미움도 원망도, 장애도, 불화도 원래 없는 것이고 병고도 실패도 원래 없다. 오직 부처님의 진리공덕 원만한 평화와 조화와 완성과 번영만이 끝없이 너울치고 있는 것이다.

이래서 불자는 반야바라밀다의 위대한 갑옷을 입고 스스로를 성취하고 가족을 성취하고 이웃과 사회를 성취하며 국토와 역사를 성취한다. 반야바라밀다의 갑옷이 없을 때 보살은 흔들린다. 두려워하고 좌절하고 또는 퇴타한다.

오늘날 우리 한국 불교에서 반야만큼 친근한 법문도 없다. 또한 물질주의, 관능주의, 이기적 대립주의가 난무하는 오늘의 상황에서 반야법문만큼 개인과 사회에 뿌리박힌 병의 뿌리를 제거해 주는 묘약도 없다. 공고한 믿음과 빛나는 지혜와 줄기찬 용맹력을 공급하는 반야바라밀다 법문은 우리들 생명 속에서 일찍부터 너울치고 있는 것이다.

불자 형제들이여, 위대한 갑옷을 입고 자신과 겨레와 온 국토의 완성을 향하여 정진하자.

"나무 마하반야바라밀다."

8. 밝은 마음 밝은 환경

우리들은 어려움을 만나고 불행을 만나며 뜻대로 되지 않는 생활조건 속을 살아가노라면 탄식도 하고 원망도 하게 된다. 물론 의기소침하여 좌절할 때도 있다. 그러면서 그 마땅하지 않은 환경에서 어떻게든 벗어나려고 발버둥친다.

그렇다고 그런 환경에서 벗어나려고 서둔다고 불행이 없어지고 행복해지는 것도 아니다. 환경이 행복해지자면 환경을 바꾸려고 하기 이전에 그 마음을 먼저 바꾸어야 하는 것이다. 행복한 마음으로 마음이 바뀌었을 때 행복한 환경이 꾸며지기 때문이다.

사실 오늘이 불행한 환경이라면 불행한 환경의 원인이 우리 마음에 있는 것을 깨달아야 할 것이다. 우리의 환경이란 밖에서 누가 갖다주거나 밀려들었다 하기보다는 자기 마음이 그런 환경을 끌어당겼다고 할 수 있는 것이다. 우리는 마음이 환경을 만들고 자신을 만들고 일체를 만든다는 것을 알고 있다.

부처님의 '일체유심조'의 가르침은 우리 생활을 만들어가는 근본원칙이 되는 것이다.

오늘의 우리의 마음 상태는 어떠한가. 밝은 마음인가, 어두운 마음인가, 거칠은 마음인가, 평화한 마음인가.

우리의 마음이 평화하고 활기에 넘쳐 있을 때 우리의 환경도 밝고 활기차게 바뀔 것이다. 불행스런 환경에 대해서 불평을 하고 타인에게 책임을 돌리며 또는 인생을 저주하고 우울한 마음으로 있는 한 언제까지라도 즐거운 환경이 오지 않을 것이 뻔하다.

이 점을 생각한다면 경기가 내리막이라든가 사업이 한산하다든가 하더라도 불경기를 마음에 두거나 항상 불경기를 말하고 있다면 불경기나 불행에서 벗어나기는 어려울 것이다. 침울한 마음 상태가 더욱 불경기를 불러들이는 것이다.

그러므로 어려움을 당했다면 상황은 끊임없이 바뀌는 것을 생각하며, 희망을 가지고 밝은 방향으로 생각을 몰고가야 할 것이다. 좀 타격을 받아도 굴하지 않고 다시 일어나 전진하는 사람은 설사 한때 어려움을 당했더라도 이윽고 환경을 바꾸고 역경을 이기며 밝고 풍요한 새 환경을 만들어 내게 될 것이다.

 이런 점에서 볼 때 마음이 밝고 견고한 신념을 가진 사람 앞에는 어떠한 고난도 필경 장애가 될 수 없다 할 것이다. 확고한 신념, 태양같이 밝은 마음이 일체를 성취시키는 힘이며 지혜인 것이다. 신념이 없는 사람은 험난한 길을 당하여 주저하고 나아가지 못하지만 신념의 힘, 밝은 확신을 가진 사람은 마치 불도저와 같아서 온갖 험악한 장애물을 극복하고 앞으로 나아간다.

 인간은 누구나 자신의 생명이 부처님의 무한공덕과 이어져 있는 것이다. 누구나 뛰어난 능력을 자신 속에 가지고 있는 것이다. 어떠한 일도 능히 극복하고 성취할 수 있는 능력을 원래 지니고 있는 것이다.

 그러니 어려운 일을 당해서 주저할 것이 없다. 장애를 극복할 지혜와 힘은 자신의 몸에서 나오는 것이 아니라 생명에 깃든 부처님의 무한공덕에서 터져 나오는 것이다. 자신의 생명이 부처님의 무한공덕의 표현이라는 확신을 가지고 일체사를 당할 때 지혜와 용기는 저절로 흘러나온다. 우리는 이 신념이 필요하며 견고한 인내력, 정진력이 필요한 것이다.

 무엇보다 반드시 성취된다는 밝은 마음, 확신을 가져야 할 것이다. 우리 모두는 부처님의 무한공덕에 뒷받침되어 있는 것을 생각하고 축복된 자신인 것을 확신해야 할 것이다. 그리고 끊임없는 감사가 함께할 때 우리의 마음은 더욱 밝아지고 정진력은 증진된다. 부처님의 무한공덕장이 우리의 생명에 이어져 있는 한 우리에게 불운이 있을 수 없다. 실패가 있을 수 없다. 좌절이 있을 수 없다.

설사 일시적 장애가 나타나 보이더라도 행운은 지금 찾아오고 있는 도중인 것을 생각해야 할 것이다. 현재 고난을 저주하지 말자. 불평하지 말자. 결코 어두운 마음에 머물지 못하도록 하자. 부처님의 무한력이 내 생명에 깃든 것을 끊임없이 감사하고 감사하자.

고난을 당하였을 때, 불운이라고 느껴질 때, 불운에서 빠져나오기를 바란다면 이와 같이 우리의 마음이 먼저 불운에서 빠져나오고 어둠에서 벗어나야 한다. 마음이 바뀜으로써 환경이 바뀌고, 마음속에 원만한 성취가 환경의 원만한 성숙으로 이어지는 것이다. 마음을 바꿀 줄 모르고 환경을 저주하고 환경에서 벗어나고자 몸부림치던 우리의 일상을 반성하여야 할 것이다.

마음을 바꾸는 방법이 무엇일까.

그것은 부처님의 무한공덕의 확신이요, 부처님의 대자대비 위신력이 내 생명에 이어졌다는 지혜의 눈이다. 이 믿음, 이 확신이 우리의 마음을 영원히 밝히고 일체 성취의 크나큰 힘을 파도처럼 끊임없이 공급해준다.

이와 같은 믿음과 지혜의 눈은 '반야바라밀다'를 염하는 데서 확정된다. 일심 반야바라밀다를 염하는 데서 믿음의 세계, 지혜의 세계는 우리 마음 깊은 곳에 피어나고 온 심신에 충만하여 나아가 우리 환경을 변혁하게 된다.

고난을 만나거든, 장애를 만나거든, 반야바라밀다를 염하자. 불운을 만나거든 반야바라밀다를 염하자. 부처님의 원만공덕이 내 생명에 이어지고 대자대비 위신력이 끊임없이 내 생명에 넘치고 있는 것을 관하고 감사하며 일심으로 반야바라밀다를 염하자. 일체 불행 현상은 반야바라밀다 앞에 본래 '무'를 드러낸다. 반야바라밀다가 일체 어둠을 소멸시키고 원만공덕을 전면 현전시키며 내 생명을 본래의 광휘로 가득 채워 준다.

'내 생명 부처님의 무한공덕생명, 나무 마하반야바라밀다'의 일구가 우리의 환경을 광명으로 바꾸고 성공의 저 언덕으로 이르게 하는 첩경인 것을 잊지 말자. 필경 참으로 있는 것은 '반야바라밀다', 이것밖에 없는 것이다. 반야바라밀다가 있을 뿐 어떠한 불운도, 어둠도 없는 것이다. 태양에 어찌 어둠이 공존할 수 있으랴.

우리 모두 반야바라밀다를 염하여 청정 본연의 위력을 발휘하여 불국정토를 우리 생활 주변에서부터 이루어가자.

🪷 한마음 憲章

※ 임신부는 이 글이 어렵고 매우 어려운 글이어도 꾸준히 읽습니다. 한자는 찾아가면서 읽어도 되고 아는 자만 읽어도 됩니다. 뜻을 몰라도 눈으로 자꾸만 익힙니다. 태아에게 왕성한 탐구력을 열어줍니다. 이 어려운 글은 주문으로서 신비한 힘이 있습니다. – 편자

부처님은 말씀하신다.

모든 부처님은

오직 一大事因緣으로

世間에 나셨으니

그는 중생으로 하여금

佛知見을 열어 淸淨을 얻게 하기 위함이라.

佛知見을 보이고

佛知見을 깨닫게 하고

佛知見에 들게 함이니

一切如來의

無量無數한 敎化方便도

중생으로 하여금 오직 이 佛知見을 보여

佛知見을 깨쳐서 佛知見에 들게 할 뿐이니라.

또 말씀하신다.
過去 現在 未來의 모든 眞理具現者는
청정 깨친 마음
두렷이圓 비춰
一切 不幸 부수고
大覺者 되신다.

또 말씀하신다.
過去 現在 未來 모든 부처님이
그 마음
청정하심 따라
佛國土 이루신다.

또 말씀하신다.
가히 돌려보낼 수 있는 모든 것은
네가 아니라 하겠거니와
돌려보낼 수 없는 것은
이것이 네가 아니고 또 무엇이랴.
또 말씀하신다.
萬物이며

宇宙며
虛空 속 建立이라.
虛空이 한마음 大覺에서 남이여
바다에서
한 개의 물거품 일음 發生인저.

또 말씀하신다.
一切 有爲法은
꿈이며 幻이며 물거품이며 그림자며
잠깐이기 이슬이고 번개이니
마땅히 이러히 여길지니라.

또 말씀하신다.
나는 一切 智者, 一切 見者,
知道者며 開道者며 說道者니,
未度者에는 度를
未解者에는 解를
未安者에는 安을
未涅槃者에는 涅槃을 얻게 하느니라.

또 말씀하신다.

마땅히 청정한 마음을 낼지니

色에 머물러 마음을 내지 말고

聲·香·味·觸·法에 머물러 마음을 내지 말고

마땅히 머문 바 없이 마음을 낼지니라.

또 말씀하신다.

觀世音菩薩은

般若波羅蜜多로

一切 物質界

一切 精神界에서

걸림이 없고

一切 苦厄에서

解脫하였느니라.

또 말씀하신다.

三世 모든 佛菩薩들은

般若波羅蜜多로

一切에

걸림 없고

恐怖 없고

智慧 이루며

마침내 成佛하니

이 般若波羅蜜多는

大神呪며

大明呪며

無上呪며

無等等呪라

능히 一切 苦를 없애느니라.

또 말씀하신다.

무릇 있는바 모든 現象,

그 모두는 實없는 것

만약 모든 相에 相 없으면

곧 如來를 보리라.

또 말씀하신다.

나는 聖中에 다시 聖

一切世間의 아버지.

이 三界는

모두가 나의 所有

그 가운데 중생
모두가 나의 子息.
나 한 사람만이
능히 이들을 救護한다.

또 말씀하신다.
나는 실로
成佛 以來 無量 百 千 萬 億 劫.
그로부터 항상
이 사바세계에서
설법교화 衆生을 引導하고
壽命은
無量 阿僧祇劫
常住 不滅
衆生들을 위하여
方便으로 涅槃을 보이나
실로는 滅하지 않고
언제나 法을 說한다.

마음, 마음, 마음,

한마음.

한마음은
마음이 아니다.
觀念이 아니다.
생각이 아니다.
하나이거나 둘이거나 數가 아니다.
有도 아니며 無도 아니며
有無 超越의 有이거나 無도 아니다.
一切 超絶의 眞無도 아니다.
現在도 아니며 過去도 아니며
未來도 아니다.
時間이거나 空間이거나
時空의 範疇에 잡히는 것이 아니다.
形相, 比喩, 言說, 무엇으로도 말할 수 없고 생각으로 忖度할 수도 없다.
認識은 時間 空間의 認識範疇에서 形成되는 것.
한마음은 時間 空間의 範疇 밖의 것이므로
認識形式으로 잡을 수 없다,

直觀과 思惟는 念의 論理的 展開의 形式.
한마음은 念이 아니므로 念의 單純
또는 複合的 返覆으로나
論理 非論理의 展開로 어름대지 못하니
그는 思惟나 直觀으로 이를 수 없다.
나도 아니고 너도 아니고
저들도 아니고 모두도 아니다.
그는 物質이 아니다.
얻을 수도 없고 잃을 수도 없다.
無常도 아니다.
無我도 아니다.
苦도 空도 不淨도 아니다.
法則도 아니다.
生도 아니고 滅도 아니다.
잡을 수도 없고 버릴 수도 없고
對할 수도 없고 떠날 수도 없다.
죽는 者가 아니다.
숨은 者가 아니다.

한마음은 한마음이다.

한마음일 뿐이다.
한마음만이 있다.
있는 것은 한마음이다.

永遠과 自在와 光明과 創造와 無限과 歡喜가
大海의 波濤처럼
끝없이 너울치고 力動한다.

아침 해
바다를 솟아 오른 燦爛,
億劫의 暗黑이 刹那에 무너지고
光明 燦爛,
光明 燦爛,
光明만이 눈부시게 부서지는 光明만의 世界,
이것이 한마음이다.
모든 것이 完全하게
모든 것이 圓滿하게
모든 것이 調和있게
이미
이루어졌고 具足하다.

大成就가 自足하다.
大成就 圓滿具足,
이것이 한마음이다.

한마음이
스스로를 認定하는 대로
大成就 圓滿自足性은 認定하는 만큼 限定되고
限定은
한마음 無限性의 具象的 表動을 觸發한다.
이것이 創造다.
이것이 成就다.

한마음의 自己律動은
大海의 波濤처럼
無限히 自己를 實現하고
表現하고
刹那의 쉼없이 創造는 펼쳐진다.
이래서
成就, 成就,
歡喜, 歡喜가,

한마음의 모습이다. 한마음의 表情이다.

오직 한마음만이 있다.
다른 者는 없다.
있는 것도 바로 그다.
없는 것도 바로 그다.
그는 모두의 모두
오직 그가 있을 뿐이다.
그가 뜻하는 것이 있는 것이다.
그가 뜻하는 것이 없는 것이다.
그가 가는 곳이 길이다.
그가 서는 곳이 宇宙의 中心이다.
밝음은 그에게서 비롯한다.
그가 마음 두는 곳에 完全은 開化하고
뜻하는 것은 이루어진다.

하늘이 덮지 못하고
땅이 싣지 못하고
하늘도, 땅도, 바다도,
그의 一動目 따라 움직이니

一切 權威란 그에게 由因하고
無碍勇力은 그의 脈拍이다.
무엇으로도 그를 막지 못한다.
아무도 그에 이길 者 없다.
아무도 그에 對할 者 없다.

그는
永遠의 勝者
無限의 勇者
無上의 權威者
그 앞에
사람 없다.
힘 없다.
權威 없다.
怯弱, 挫折, 失意, 絶望이라는 말은 없다.

自信, 自信,
海溢처럼
瀑布처럼
火山처럼

넘치고 부어대며 폭발하고 솟구치는

勇力과 自信

떨치는 威神

이것이 한마음이다.

그는

宇宙에 앞서 있고

時間에 앞서 있고

空間에 앞서 있고

有無에 앞서 있고

全一에 앞서 있고

神과 佛과 眞理에 앞서 있다.

아무도 그에 先在하는 者 없다.

그는 劫前 劫後의 決定者.

그에게는

差別도 色彩도 音響도 對立도 淨穢도

美醜·強弱·大小·高低·遠近도

그 어떠한 障壁도

그로되 그가 아니다.

一通이기 때문이다.

卽一이기 때문이다.
한 몸의 表現이기 때문이다.
自身의 自性分別이기 때문이다,

다시
온 大地를 덮고
온 하늘을
다시 온 宇宙를 덮는
뜨거운 사랑

微物도 昆蟲도 獅子도 코끼리도
魚族도 飛禽도
사람도
鬼神도
다시 하느님도
그리고 有情 無情 有想 無想 一切衆生도
佛菩薩 聖賢까지도
당신의 體溫으로 덥히는 따스한 사랑

키우고 돕고 이루고 어울리고

피고 지고 뛰고 노는
榮光스런 모든 生命屬性이
그의 훈훈한 사랑 血脈의 피어남이라.

그의
뜨거운 그리고 커다란
훈훈한 사랑이
저 太陽의 햇살같이
저 꽃의 香氣같이
生命껏 펼쳐 내고 뿜어 내고
차별없이 하염없이 부어대는

오직
줄 줄만 아는 끝없는 사랑이
주어도 주어도
끝이 없는
지칠 줄 모르는,
저 하늘과 太陽과
神의 등 너머에서 온 사랑이
이것이

한마음의 體溫이다.

生命.
窮劫을 꿰뚫은 生命,
宇宙를 덮고
有無에 사무친 生命,
피고 무성하고 落葉지고
몇 萬번을 반복하고
宇宙가 生成하고 머물고 허물어지고
다시 티끌조차 있고 없고
그는
有無에 生成에 變滅에 壞空에 無關한
久遠한 生命.
그는 活活自在 永劫不滅性을
이
無常變滅과 生成과 壞空과 有無로 보이니
이것이 無量生命, 永遠生命, 絶對의 生命.

그에게는 滅이란 없다.
無限을 自在로 生命할 줄만을 안다.

그는 生命이기 때문이다.
生命에는 生命밖에 없는 것.
빛에는 어둠이 共存할 수 없는 것.
活에는 活밖에 없는 것.
몇 萬번 天地가 번복되고
生命이라는 名相이 있고 없고
生命은 푸른 하늘처럼
출렁이는 바다의 끝없는 물결처럼
永遠히 永遠히 거기 살아 있다.
이것이 한마음의 壽命이며 樣相.
아무리 더럽혀도 때묻지 않고
아무리 찍어도 다칠 수 없고
아무리 때려도 상하지 않고
아무리 잡아도 죽음이 없는
永遠의 不死身, 金剛身, 不思議身이
바로 한마음의 肉身이며 眞身이다.

存在에 앞선 存在 以前者.
모두의 모두이기에
모두는 그에게서 淵源하고

모두는 이미 거기 있고

그의 것이다.

豊饒

自在

光明

　生命

平和

無限創造….

온 몸을

온 天地를 뒤흔드는 기쁨

터져 나오는 歡喜

自足한

모두와 함께 있는 幸福

智慧

慈悲

無量功德藏이

自在造化力이

久遠生命의 無盡波動으로 너울친다.

祝福의 물결,

幸福의 大海,
한마음은 그를 戱弄한다.
그는 規定하는 者
規定받는 者가 아니다.
그는 스스로 있다.
清淨, 清淨,
無量清淨, 光明藏으로 거기 있다.
햇빛 앞에
어둠이 어루대지 못하듯이
罪라는 어둠을 생각할 수 없다.
툭 터진 푸른 하늘
太陽은 눈부시게 부서지고
밤 하늘 數없는 찬란
神秘와 希望이
반짝이고 소곤대고-
끝없는 清淨을 흘러내리듯
그에게는 清淨光明만이
몸을 휘감았다.

때묻을 수 없다.

罪지을 수 없다.

더욱이 因果며 業報나가 있을 수 없다.

地獄을 가고 餓鬼道를 가고 修羅趣를 날아도

거기에는

흰 蓮華 香氣 나부끼고

宇宙의 呼吸인 듯

大地의 振動, 天樂은 가득하다.

누가 있어

罪, 罪,

罪人, 罪人, 하느냐.

한마음 나라에는 無垢淸淨光뿐인 것을!

여기에는

物質도

感覺도

表象도

意志도

意識도 찾을 수 없고

一切 認識도

對象도

現象도 本來도 없다.

그러니 어찌

罪며

業이며

報며

苦며

病이며

가난이며

厄難이란 게 있을까.

그것은

아예 없는 것이다.

이름만이

헛되게 굴러 다닐 뿐

실로는 이름조차 없는 것이다.

모든 物質이 그렇고

物質界가 그렇고

모든 現象과 現象界가 그렇다.

現象이라는

幻幕에 그려지는

그 어떤 두려움도 病苦도 苦難도

그것은 幻일 뿐이다.

認識이라는 虛構的 形像에 나타나는

不安도

失意도

虛妄도

恐怖도

渴望도

憤怒도

슬픔도-

그것은 모두

泡沫에 비친 찬란한 그림자.

實로는 이름조차 없는 것이다.

그러기에

이러한 虛妄한 幻想이나

虛構的 影像에

잡히고

눌리고 할 것도

또한

이에서 벗어나고 이기고 하는

힘도 智慧도
도무지 없는 것이다.

여기
마음도 생각도 있음도 없음도
눌림도 벗어남도
힘도 지혜도
자취조차 없는
여기
구름 한 點 없는 無限으로 터진 蒼空
兀然 淸淨無碍光이
蕩然 自適하는
여기
九龍이 亂舞하고
百花 競美하고
萬獸가 合唱한다.

이
한마음 나라.
가지 않았고

오지 않았고
멀리 있지 않고
가까이 있지 않고
보는 데
잡는 데
부르는 데
뛰노는 데
處處에
永遠 香風 젖었고
사람마다 面前 밝은 달 두렷하니
萬人 옷소매에
淸風은 떨친다.

三世如來는 이곳에 머무시고
諸佛淨國土는 이곳에 벌어지니
一切 착한이들 이곳에서 成佛하며
一切衆生 모두가
이 나라 百姓이니
大菩薩이며
如來化身이며

無上師며
한 핏줄이다.

모두가
光明自在
神通妙用
萬德自存
至聖 至嚴 至淨
至祥 至樂 至健
至强 至福

恒沙功德은 本來로 지녔고
無量德相은 元來로 具足하다.
한마음, 한마음,
功德妙用 넘쳐나고

마하반야바라밀다 마하반야바라밀다
自在解脫 一切成就 燦然히 이룩된다.
마하반야바라밀다 마하반야바라밀다
나무마하반야바라밀다

續 한마음 憲章

한마음 한마음,
한마음이 무엇인가.

그것은 바로 너다.
바로 나다.
바로 그다.
모두다.

萬德尊相 無量功德
不可思議 大威神力
本然自在 大解脫身….
成佛해서가 아니다.
見性해서가 아니다.
業障消滅해서가 아니다.
福지어서가 아니다.
修證해서가 아니다.
可能性이라는 含藏이 아니다.

空해서가 아니다.

理由가 있어서가 아니다.

覿面現前

바로 있는 것이 그다.

바로 있는 네가 그다.

바로 있는 내가 그다.

本來 대로 그다.

어두울 수 없고

죽을 수 없고

병들 수 없고

가난할 수 없고

束縛 받을 수 없고

怯弱할 수 없고

비루할 수 없고

惡할 수 없고

毒할 수 없고

차가울 수 없고

미울 수 없고

謀陷할 수 없고

背信할 수 없고

시기 질투할 수 없고

우울할 수 없고

不安할 수 없고

외로울 수 없고

치우칠 수 없다.

만약

어둡거나

죽거나

病들거나

가난하거나

束縛받거나

怯弱하거나

비루하거나

惡하거나

모질거나

冷情하거나

밉거나

우울하거나

不安하거나

외롭다거나

편벽지다면

그는 그가 아니다.

한마음이 아니다.

거짓인 그요

거짓인 너요

잘못 본 그요

잘못 본 너니 한마음은 아니다.

한마음만이 있다.

있는 것은 한마음이다.

暴風雨가 터지고

怒濤가 터지고

火山과 地動이 터지고

하늘과 땅과 바다가 震動하고

불, 불, 불, 天地가 陷沒하고

太陽이 떨어지고

죽음의 물결이 밀어닥쳐도

어두울 수 없고

죽을 수 없고

病들 수 없고

가난할 수 없고

束縛할 수 없고

怯弱할 수 없고

비루할 수 없고

惡할 수 없고

毒할 수 없고

차가울 수 없고

미울 수 없고

모함을 모르고

背信을 모르고

질투를 모르고

우울을 모르고

불안을 모르고

외로움을 모르고

치우침을 모르는,

이것이 한마음이다.

바로 너다.

있는 그대로의 너다.

永劫으로 變하지 않는 너다.

한마음인 너는
너인 한마음은
永遠히 永遠히
한마음인 채로 있다.
한마음인 너는
서물 줄 모르는 久遠의 太陽
한마음인 저는
저물 줄 모르는 久遠의 太陽
한 마음인 모두는
저물 줄 모르는 久遠의 太陽
燦爛, 燦爛,
光明만이 가득하다.

영원히 영원히 太陽보다 밝고
죽음을 모르는 싱싱한 生命,
健康, 健康, 健康이 넘쳐흐르고
豊足한 所須物은 화수분이다.
虛空을 활개치는 自由.

勇氣, 勇氣, 하늘을 찌르는 勇猛이여

尊, 貴, 聖, 極尊의 神聖과 權威는

너의 피로 흐르고

끝이 없고 限이 없는 깊이 모를 사랑

어머님 손길처럼 永遠한 仁慈

大地를 데우는 따스함,

虛空을 녹이는 훈훈함,

미워도 미워도 미울 수 없고

보아도 보아도 또 보아지고

感謝讚嘆 感謝讚嘆은 그의 입이며

信義는 그의 呼吸

믿음은 그의 心臟,

四大六根은 歡喜의 化現이며

泰山의 安隱 바다같이 悠悠하다.

山川草木 日月星辰

蠢動含靈 諸佛菩薩

天上天下 一切衆生

뉘 아니 兄弟인가.

涅槃은 꿈 속을 흘러내린 시내

生死는 그 시내에 뜬 泡沫

永遠 歡喜 無限淸淨 圓滿.

이 모두는
한마음에서 오다.
한마음에서 이 모두는 오다.
이것이 한마음인 너다.
나여. 너여.
한마음이여.
이 有無에 뛰어난 한마음 얼굴.
窮劫의 太陽 한마음 얼굴이
나와 宇宙와 生命 이전의 生命임을
믿고 알고
歡喜 讚嘆 感謝로
이 自由·權威·神聖·幸福을 열고 누리자.
믿는 것이 있는 것이다.
行動이 믿는 것이다.

계戒는 무엇인가

사람은 누구나 부처님 진리로부터 헤아릴 수 없이 많은 공덕을 타고났으니, 이것을 불성佛性이라 한다. 또 이것은 사람의 본성품이다. 불성 자체로 머무시고 한량없는 지혜공덕을 대자비로 온전하게 내어 쓰는 것이 부처님이며 참된 보살인데, 이것을 미혹하여 그릇 사용하는 것을 범부중생이라 하는 것이다.

5계는 중생이 부처님으로부터 받고 나온 불성의 무량공덕문無量功德門을 여는 다섯 가지 방법이다. 이것은 누구나의 소원을 성취시킬 수 있는 요결이며 해탈에 이르는 큰 길大道이다.

또한 계를 받는 것은 부처님의 권속이 되는 것이며, 5계는 자성自性의 본상本相이다. 다만 그대로 드러낼 뿐이다.

5계五戒

1. 생명을 존중하라 (不殺生)

모든 생명은 불성에서 온 바이니, 그 가치와 권위와 신성은 무엇에도 비할 데 없다. 그를 존중하고 보호하며 섬기고, 그가 지니고 있는 끝없는 공덕을 충분히 발휘하도록 도와야 한다. 그렇거늘 어찌 생명을 억압하거나 손상하거나 내지 죽일까 보냐. 이것은 자비의 종자를 끊는 것이 된다.

2. 아낌없이 베풀어주라〔不偸盜〕

모든 중생은 본래로 부처님의 무한공덕을 쓰고 사는 것이니, 마음의 문을 활짝 열고 서로 걸림 없이 흐르게 하여야 한다. 이미 있는 지혜·재물·능력, 그 모두를 이웃을 위하고 또한 참된 자신을 위하여 남김없이 발휘하라.

그리하여 모두가 부처님의 무량공덕을 자유로이 통하여 쓸 것이어늘, 어찌 하물며 서로 막고 간탐심을 내고 남의 것을 넘겨보고 빼앗거나 훔칠까 보냐. 이것은 복덕의 종자를 끊는 것이 된다.

3. 청정을 행하라〔不邪淫〕

일체 중생이 원래로 청정한 자성을 함께하고 있는 것인데, 어찌 이것을 등지고 분별심을 일으키고, 그 중에 다시 집착심을 일으켜 그 마음을 흐리게 하고 어지럽게 할까.

염착심을 내고 마음을 거칠고 혼란하게 하는 데는 애욕이 으뜸이니, 마땅히 경계를 당하여 자성의 청정을 잃지 말 것이어늘, 어찌 하물며 마음을 방자하게 하여 음행을 탐착하고 윤리를 어겨 사음을 행할까 보냐. 이는 청정의 종자를 끊는 것이 된다.

4. 진실을 말하라〔不妄語〕

일체 중생 모두가 그 자성이 진실하니, 오직 진실을 생각하고 진실을 말함으로써 일체경계에 진실이 성취되는 것이다. 따라서 입은 진실을 말하여 진실을 이루게 하는 성스러운 문이거늘, 어찌하여 진실을 어기고 허망을 보아 망녕된 말이나 꾸며내는 말이나 형세따라 두 말하는 말이나 모질고 독한 말을 할까 보냐. 이것은 진실의 종자를 끊는 것이 된다.

5. 정념(正念)을 지켜라〔不飲酒〕

사람마다 본성이 원래로 적적하고 원래로 성성하여 일찍이 동요증감이 없는 것이다. 그러므로 항상 본성품대로 성성적적한 본 삼매인 정념을 간직하여 항상 지혜로 통달한 것이어늘 어찌하여 생각에 미혹을 일으키고 분별동요를 일으켜서 그 마음을 어지럽혀 본성을 잃을 것이며, 더욱이 이성을 마비시키고 의지의 돌쪼기를 무너뜨리는 술을 마셔 취할까 보냐. 이것은 지혜의 종자를 끊는 것이 된다.

5서五誓(다섯 가지 맹서)

5계를 받은 사람은 '진실불자'다. 부처님의 진리광명을 간직한 사람이다. 이에 보현도량 불자는 마땅히 다섯 가지 맹서를 발하여 스스로 법을 견고하게 하고, 불법을 이웃과 사회에 전하여야 하나니, 5서는 불자 마음에 있는 불신력佛神力을 내어 쓰는 열쇠가 된다. 그러므로 5서를 발하지 아니하면 참 불자가 아니며, 무능 무력자가 되고 만다.

傳法五誓

우리는 파라미타법등입니다.

-. 전법으로 바른 믿음正信을 삼겠습니다.

-. 선법으로 성성진正精進을 삼겠습니다.

-. 전법으로 무상공덕無上功德을 삼겠습니다.

-. 전법으로 최상의 보은報恩을 삼겠습니다.

-. 전법으로 정토淨土를 성취하겠습니다.

불교일반상식

— 참선에 대하여

참선이란

어지러운 마음을 고요하게 하고寂寂

어두운 마음을 밝게 하여惺惺

그대로實相 보고

그대로 생각하고, 그대로 행동하고

그대로 살아가는 진리의 길이다.

참선의 몸가짐(좌선을 할 때)

첫째, 허리를 곧게 편다.

둘째, 오른발 위에 왼발을 올린다.

셋째, 오른손 위에 왼손을 올려 마주 댄다.

넷째, 눈은 지그시 반쯤 떠서 내려다본다.

참선의 숨쉬기

몸과 마음을 편안히 하고

숨을 천천히 배꼽 밑[단전]까지 들이쉬고 내쉰다.

— 염불念佛에 대하여

염불이란
부처님의 거룩한 이름을 부르고
부처님의 거룩한 공덕을 생각하여
부처님의 마음과 내 마음이
하나가 되게 하는 공부

염불하는 방법
두 발을 바로 모으고
두 손을 가슴 앞에 합장하고 서서
입으로는 부처님의 이름을 부르고
고요한 마음으로 부처님을 생각한다.

— 예배(절)에 대하여

절이란
부처님 앞에 엎드리고 고개 숙여서

부처님께 대한 공경심과 믿음이
생기게 하는 수행 방법

— 참회에 대하여

참회란
탐내고 성내고 어리석은 마음으로 지은
지나간 잘못을 살피어
다시는 그러한 잘못을 저지르지 않겠다는
마음의 다짐

참회의 공덕
모든 잘못을 뉘우쳐서
부처님께 절하고 염불하면
마음속에 모든 죄업이 없어지고
깨끗하게 밝은 마음이 생긴다.

― 오계에 대하여

계란

사람이 마땅히 해야할 일과 해서는 안 될 일을
가려주신 부처님의 말씀으로
생활의 바른 지침이 되는 것이다.

계를 지키는 공덕

- 계를 지킴으로 마음이 고요해지고
  마음이 고요해질 때 밝은 지혜가 생긴다.
- 깨끗한 복이 넘치게 되고 많은 사람이
  그를 우러러 보고 칭찬하게 된다.
- 지나간 잘못에 빠지지 않는
  용기 있고 슬기로운 사람이 된다.

― 발원發願에 대하여

발원이란

부처님께 바치는 기도로서
작고 비뚤어지고 어두운 마음을 버리고

부처님과 다름없는 크고 넓고 밝은 마음으로
세상을 살아가려는 마음의 다짐과 바람

발원의 공덕

- 어둡고 슬픈 마음이 사라진다.
- 모든 사람을 돕고 사랑할
  크고 넓고 밝은 마음이 생긴다.
- 부처님과 여러 성인이 보살펴 준다.

— 공양供養에 대하여

공양이란

재물과 법을 다른 사람에게 베풀어 주는 것
또는 대중이 모여 음식을 받아 드는 것

몸가짐

단정히 앉아서 먹는다.
다른 이야기를 하지 않는다.
음식은 양에 맞게 덜어 먹는다.
음식을 흘리지 않고 깨끗이 먹는다.

마음가짐

- 모든 사람에게 감사하는 마음과
  이웃에게 베풀어 줄 마음을 갖는다.
- 삼보의 은혜와
  중생의 은혜와
  부모님의 은혜와
  스승의 은혜를 생각한다.

> 편자 약력

송암당 지원화상(松菴堂至元和上)

- 화상和上은 화중지상인和衆之上人(- 화합대중의 지도자 또는 윗사람을 뜻함)의 뜻이며 거기에 대한 약칭이다. 옛날 왕조시대 왕 이외에는 상上자를 쓸 수 없었던 관계로 아무런 뜻도 없는 상尙자를 쓰게 되었음. 이 까닭에 여기서는 본래의 뜻을 찾아 쓰기로 함. -

1. 약력(略歷)

송암당 지원화상은 1953년 6월 17일(음력 5월 7일) 경북 예천에서 출생하여, 1971년 부산 금정산 범어사로 출가하였다. 같은 해 12월 2일 梵魚寺 金剛戒壇에서 광덕스님을 恩師로, 고암스님을 戒師로 사미계를 받았으며, 1974년 4월 5일(74회) 범어사 금강계단에서 석암스님을 계사로 비구계와 보살계를 받았다.

범어사 불교전문강원을 거쳐 동국대학교 불교대학 禪學科를 졸업하고, 同대학교 교육대학원을 수료, 교육학석사학위를 취득하였다.

1982년 9월, 서울 불광사의 학생회지도법사를 시작으로 하여 불광의 반야바라밀다결사의 사상운동에 귀의, 한국불교의 새로운 신앙결사에 적극 동참하여 앞장섰으며, 불광의 문서포교와 대중포교에 소임을 담임하여 진력하였다.

1989년 8월 16일 스승인 광덕대선사로부터 傳法의 法號(松菴堂)와 신표信標인 菩提樹를 받아 恩法을 이은 법사法嗣로서 반야바라밀다결사의 동참자 및 계승자로 수기授記와 인가의 부촉附囑을 받았다.

불광의 현대적인 수행의식의 제정 및 정착과 신도 교육의 제반 토대를 마련했고, 또한 유치원과 포교원 건립에 결정적인 공헌을 하였으며, 특히 당시 매우 어려운 제반 여건 속에서도 「보현행원송」을 원만하게 성사시켜 보현행원사상의 실천선양을 내외에 천명하는 계기를 삼음으로써 명실공히 불광사는 한국불교 전법대본산傳法大本山의 면모를 갖추게 되었다. 이에 역사적인 불광의 제2기 잠실시대를 더욱 공고하게 하였다.

현재 경기도 안성시 죽산면 용설리 1178-1의 도솔산 도피안사의 주지로 있으면서 스승의 전법부촉을 잇기 위해 정진하고 있다.

2. 저술

논문 :「고려시대 사원의 결사에 대한 연구」

저서 :「광덕스님 시봉일기1(내일이면 늦으리)」- 1999년 6월 5일

「광덕스님 시봉일기2 (징검다리)」- 2001년 2월 25일

「광덕스님 시봉일기3 (구국구세의 횃불)」- 2001년 12월 30일

「광덕스님 시봉일기7 (사부대중의 구세송)」- 2002년 6월 30일

「광덕스님 시봉일기別 (환생)」- 2002년 11월 15일

「광덕스님 시봉일기8 (인천의 안목)」- 2003년 1월 25일

「광덕스님 시봉일기6 (새 물줄기)」- 2003년 8월 25일

「광덕스님 시봉일기4 (위법망구)」- 2004년 5월 20일

「광덕스님 시봉일기5 (임의 숨결)」- 2007년 5월 16일

「광덕스님 시봉일기9 (보현행원으로 보리이루리)」- 2008년 2월 20일

「광덕스님 시봉일기10 (반야바라밀다결사)」- 2008년 10월 25일

「광덕스님 시봉일기 머리책 (빛으로 오소서)」- 2008년 10월 25일

「아, 유마」 - 2008년 11월 15일

「보현도량 금하보감」 - 2009년 6월 30일

3. 엮음

『꽃을 들어 보여라』

『마하반야바라밀다심경 사경』

『선종무문관』

『반야의 종소리』

『유마와 수자타의 대화시리즈』(4권)

『가정의 가치, 불교에 묻는다』

『노동의 가치, 불교에 묻는다』

『사벽의 대화』

『엄마라고 부를 수 있을 때』(어머니, 스님들의 어머니 개정판)

『빛과 연꽃』

『불교태교기도문』